大学評価　その後の20年

高等教育研究

第23集

日本高等教育学会編
2020

目　次

特集　大学評価　その後の20年

大学評価　その後の20年
―特集の趣旨―

日本高等教育学会研究紀要編集委員会

2000年に大学の第三者評価を行う機関として大学評価・学位授与機構が設置され今年でちょうど20年となる．本誌『高等教育研究』では，同年に「日本の大学評価」と題した特集を編んでいる．当時の特集では，本格的な大学評価の時代を目前に控え，大学評価の目的やあるべき姿，先行する諸外国の事例，評価が教員や学生に及ぼす影響などが論じられていた．

その後20年が経過し，少なくとも制度的には大学評価は定着したと言えよう．それどころか近年では，補助金の配分や個々の教員の処遇にまで評価活動の結果が過剰に活用される現状を批判的にみる向きもある．また，政策主導の評価制度だけでなく，大学ランキングのような市場型の評価が各大学に及ぼすインパクトも急速に強まっている．

大学評価は，大学が自己改善を図る手段として，また社会からの評価や信頼を得るための手段としての役割を果たすとされるが，日本の高等教育は評価によって質を改善し，社会からの評価を獲得できたのか．日本の高等教育の評価はどのような点で効果がみられ，どのような点に課題があり，今後の改善可能性をどう考えればよいのか．20年間の経験も踏まえて，いま一度，学術的かつ包括的な視点から，大学評価の実態を捉え直すことを試みたい．

本特集の構成と概要は以下の通りである．まず林論文では，「総論」としてこの20年間における日本の大学評価制度ならびに評価に類する取組の全体像を俯瞰するとともに，主たる評価制度である認証評価と国立大学法人評価について，導入から今日に至るまでの制度の変遷の分析から現行の評価制度の課題を抽出し，大学評価の意義の再構築の必要性を説く．

続く野田論文においては，認証評価制度の展開について詳細に検討している．認証評価の導入により，大学教育の改善に対しては一定の効果が認められるものの，社会への説明責任ついては十分達成されていないという．この状況を改善するためにも大学における「内部質保証」の確立が鍵を握るとし，その実現のための課題や論点を整理している．

一方，山田論文では近年の国立大学法人評価制度の変更，特に「三つの重点支援枠組」に沿ったKPI指標，客観共通指標による運営費交付金配分方式の是非を問う．さらに評価に基づく競争的資源配分という点では同型である私立大学等改革総合支援事業の問題点について，米国の類似制度との比較をもとに論じている．

比較可能な客観指標による評価と，それに基づく効率的資源配分に対する大学外部からの要求が，最も強く現れている領域の1つが研究評価であろう．遠藤論文は，日本の学術研究システムと研究資金配分の現況を米独英の各国との比較から検討し，評価に基づく資金配分が大学の研究活動の向上に寄与するための条件を考察している．

山本論文では教員評価の問題を取り上げる．近年，政府・文科省の大学改革により，業績評価の結果を教員の処遇に反映させることが浸透しつつあるものの，外国の実証研究のレビュー，国内での導入事例の検討のいずれからも，業績評価に基づく処遇が教育研究の活性化につながったとする客観的な効果の検証には至っていないことが明らかにされる．

評価活動を大学の自己改善の手段として活用するには，学内における適切なマネジメント体制の構築が不可欠である．ただし個々の大学の置かれた環境，組織文化や過去の経緯により，その方法論は様々となろう．鳥居論文では，内部質保証を効果的に運用している3大学の事例検討から，プロアクティブな評価とマネジメントのあり方について実践的な示唆を得ている．

評価制度，特に教育面の質保証を論じる上で欠かせない視点の1つが国際標準との整合性である．米澤論文では，質保証の国際的連携枠組みの形成に日本は政府主体で適応しているものの，学生の移動の位置付けが欧米諸国とは異なるため，個々の大学の教育の質向上には寄与せず，むしろ大学ランキングのような市場的評価へのコミットに向かうと分析する．

以上，本特集では大学評価のあるべき姿を問うというよりも，評価がどのように利用され，そこにいかなる問題が生じているかを浮き彫りにすることを意図している．各論稿が大学評価の現状を批判的に問い直す視点を提供できていることを期待したい．

大学評価の20年

林　　隆之

日本で大学の第三者評価制度が導入されてから20年が経つ．本稿ではこの間を振り返り，日本の大学評価の特徴はどのようなものであり，その焦点や方法がいかに変化してきたかを検討する．認証評価も国立大学法人評価も導入時には各大学の理念や目的・目標を重視し，評価を通じてマネジメントサイクルの確立を求め，評価結果の比較可能性を否定してきた．それゆえに評価への関心も高まらず，別の評価類似の取組が生まれることとなった．しかし，次第に学修成果の測定や研究成果の多面的測定が求められ，国立大学法人評価では分野ごとの共通的な観点や指標も検討されるようになってきた．さらに近年は，内閣府や財務省等から大学の教育研究の成果に対する客観的評価の要請も強く示されるようになっている．それに応えるためには，大学評価は制度的な見直しが必要となる．

1．はじめに

日本で大学の第三者評価が導入されて20年が経つ．この間，大学評価の存在は，少なくとも大学人の間には浸透したものになった．しかし，たとえば『経済財政運営と改革の基本方針2018』では「複数併存・重複する大学評価制度の関係の整理」が必要と指摘されるなど，大学評価の見直しを求める声は，内閣府や財務省等を中心に継続して示されてきた．

本稿では20年間の大学評価を振り返り，日本の大学評価の特徴はどのようなものであり，その焦点や方法がいかに変化してきたかを説明する．また，

政策研究大学院大学

近年，大学の質や実績に関する客観的情報が求められるようになっており，その中で今後の大学評価制度のあり方を検討する．

2. 大学評価20年の変遷：評価制度の導入と評価に類する取組の濫立

まず大学評価の変遷を確認したい．日本では，戦後に大学基準協会により「大学基準」の策定や会員加盟判定の取組はなされていたものの，現在の大学評価制度につながる発端は，1991年に大学設置基準が大綱化され，自己点検・評価が導入されたことである．その後，1998年の大学審議会答申は自己点検・評価が形骸化していると指摘し，第三者評価の導入を提言した．2000年には大学評価・学位授与機構が改組設置され，国公立大学を対象に「試行的評価」を実施した．これが大学評価の20年の始まりである．しかし，試行的評価は本格実施には移されず，2004年に新たに，私立大学を含めた第三者評価が認証評価として制度化された．また，同年に国立大学が法人化し，国立大学法人評価が導入されることになった．

これらは機関別（大学単位の）評価であるが，それに加えて分野別評価も行われるようになった．認証評価は，機関単位だけでなく分野別の専門職大学院を対象にしても制度化された．それを遡る1999年には，技術者教育の国際同等性を証明する必要から日本技術者教育認定機構が設立されている．さらに，2006年からの薬学教育6年制にともなって薬学教育評価が始まり，2010年の米国医師国家試験受験資格の変更通告から医学教育評価が始まるなど，保健の諸分野で第三者評価が導入されてきた．

このように，二つの機関単位の大学評価制度は15年以上に渡って維持され，分野別評価は順次拡大してきた．しかし，だからと言って，大学評価は安定し，十分に機能していると言うことはできない．この間に，大学評価以外で，大学を対象とした評価に類する取組が矢継ぎ早に作られており，これらの背景にあるニーズに大学評価制度が応えてこなかった可能性があるからである．

表1には，国内の大学評価とそれに影響した海外の大学評価の主要な動き，さらに，大学評価に関連する答申等や，評価に類する取組を示している．

そもそも上述の二つの機関別評価はその法的根拠も実施目的も異なるが，それでも1998年の大学審議会の答申にあるような，大学の個性化・多様化の促進のための評価という理念を重視している．評価方法においても，認証

表 1　大学評価と関連する取組の変遷

<table>
<tr><td>1991 年</td><td rowspan="6"></td><td rowspan="6"></td><td>●自己点検・評価の導入</td></tr>
<tr><td>1998 年</td><td>●大学審議会が第三者評価の導入を提言</td></tr>
<tr><td>1999 年</td><td>●日本技術者教育認定機構設立
△欧州ボローニャ宣言において質保証における比較可能な基準と方法の開発を求める</td></tr>
<tr><td>2000 年</td><td>●大学評価・学位授与機構が改組設置．試行的評価の実施（～ 2003 年）
△欧州質保証機関のネットワーク（ENQA）設立</td></tr>
<tr><td>2002 年</td><td>●中教審が大学の質保証のシステム構築を提言
○ 21 世紀 COE プログラム</td></tr>
<tr><td>2003 年</td><td>○特色ある大学教育支援プログラム</td></tr>
<tr><td>2004 年</td><td rowspan="5">認証評価第一巡</td><td rowspan="4">第一期中期目標期間</td><td>●認証評価の開始
●国立大学の法人化
△英国 THE 世界大学ランキング開始</td></tr>
<tr><td>2005 年</td><td>○中教審「我が国の高等教育の将来像」
△欧州「欧州高等教育圏における質保証の標準と基準（ESG）」採択
△米国スペリングスレポート
△ユネスコ /OECD「国境を越えて提供される高等教育の質保証に関するガイドライン」</td></tr>
<tr><td>2007 年</td><td>○世界トップレベル研究拠点プログラム（WPI）開始</td></tr>
<tr><td>2008 年</td><td>●国立大学法人第一期中期目標期間の暫定評価実施
●薬学教育評価機構設立
○中教審「学士課程教育の構築に向けて」</td></tr>
<tr><td>2010 年</td><td rowspan="6">第二期</td><td>●国立大学法人第一期中期目標期間の確定評価実施</td></tr>
<tr><td>2011 年</td><td rowspan="7">第二巡</td><td>○博士課程教育リーディングプログラム
△ OECD による AHELO</td></tr>
<tr><td>2012 年</td><td>○中教審「新たな未来を築くための大学教育の質的転換に向けて」
○国立大学のミッションの再定義</td></tr>
<tr><td>2013 年</td><td>○研究大学強化促進事業</td></tr>
<tr><td>2014 年</td><td>○スーパーグローバル大学創生支援事業</td></tr>
<tr><td>2015 年</td><td>●日本医学教育評価機構設立
○ 2016 年以降の国立大学の概算要求における 3 つの重点支援の枠組み（3 類型による KPI 評価）</td></tr>
<tr><td>2016 年</td><td rowspan="4">第三期</td><td>●中教審「認証評価制度の充実に向けて」（審議まとめ）
●国立大学法人第二期中期目標期間の評価実施
○中教審 3 つのポリシーのガイドライン</td></tr>
<tr><td>2017 年</td><td>○指定国立大学の指定</td></tr>
<tr><td>2018 年</td><td rowspan="2">第三巡</td><td>○中教審「2040 年に向けた高等教育のグランドデザイン」
○ 2019 年以降の運営費交付金の共通指標による一部配分</td></tr>
<tr><td>2020 年</td><td>○中教審教学マネジメント指針公表</td></tr>
</table>

（●は国内の大学評価，△は海外における大学評価関連の取組，○は大学評価に関連する政策や評価に類する取組）

評価は大学設置基準を含む評価基準への適合性をみるが，各大学の理念や目的を重視して評価を行うことを各評価機関は謳ってきた．国立大学法人評価では，各大学の中期目標･計画に基づいて達成状況を評価する．両者ともに，個々の大学の目的・目標に即して教育研究のマネジメントサイクルが回ることを促進することを重視した．それゆえに，大学間で評価結果を比較することは否定してきた．

その一方で，近年の大学改革の流れの中では，大学間の比較を行い，あるいは，政策が求める方向に大学を誘導するために，評価に類する取組が行われてきた．

大学ランキングは民間組織によって大学の比較がなされる極端な例であるが，政府においても，大学単位の競争的資金制度が増え，その採択審査の場面では共通的な定量指標を含む評価がなされてきた．

たしかに2004年以前にも「21世紀COEプログラム」や「特色ある大学教育支援プログラム」のような組織単位の競争的資金制度は設立されていた．しかし，その後には，部局だけでなく大学を単位とし，定量的な指標を重視して判断が行われるようになってきた．たとえば「研究大学強化促進事業」では「ヒアリング対象機関選定のための指標」を設定し，研究者当たり科学研究費補助金採択数，拠点形成事業の採択数，論文数における引用数Top10％論文数の割合など複数の指標を用いた．「スーパーグローバル大学創成支援事業」では，実績と目標値を求める指標として，外国人教員数・職員数，留学生数，科目ナンバリング実施割合，年俸制教員数などの複数の指標を示した．

また，国立大学の第3期中期目標期間を前に，学部・研究科を単位とした「ミッションの再定義」が行われた．各学部・研究科は，文部科学省が分野ごとに求める客観的データを提出し，各大学の強み･特色･社会的役割（ミッション）を整理する作業を行った．また，第三期中期目標期間からの運営費交付金配分では「機能強化経費」が作られ，各大学は三つの「重点支援枠組み」の一つを選定し，独自のKPIを含めた戦略を提出し，評価される方式になった．さらに2018年には，大学間での比較が可能な共通指標により運営費交付金の10％を配分することを財務省が求めた．

これらの取組は大学評価とは全く独立に動いてきた．そして，これらのほうが大学評価よりも，資金配分や大学のレピュテーションへの影響が大きい．

そのため，大学評価に対する大学や社会からの関心は相対的に薄れてきた．

大学評価制度と評価類似の取組を，①評価において「質」を定義する主体が誰かという点と，②比較可能性と独自性という二つの軸で比較すれば，大学評価制度は，大学設置基準のような法律事項は最低限の要件として確認するが，それ以上の内容については大学セクターが質を定義し，個々の大学の独自性を尊重する．逆に，大学評価以外の取組は，政府やランキング会社が質を定義し，そのもとで比較を可能としているという対比になる．

しかし，実際にはこのような対比は単純化したものであり，二つの大学評価制度も，この15年の間にその焦点や方法を変更してきた．以下の二つの節では，各評価の変遷を確認したい．

3. 認証評価の展開

3.1　規制緩和と国際通用性ある質保証の構築

認証評価は，2002年の中央教育審議会答申「大学の質の保証に係る新たなシステムの構築について」をもとに制度化された．同答申に基づけば，質保証システムを導入した背景は以下である．一つは，国際通用性の観点からも大学の質を保証する必要があり，日本では設置認可は機能してきたが，認可された後の評価が行われていなかったことである．もう一つは，当時の規制改革の流れの中で，国の事前規制である設置認可を弾力化し，事後チェック型へ移行することにより，大学が社会の変化等に対応した多様で特色のある教育研究活動を展開できるようにすることである．

認証評価は制度化の当初より，法制としてあいまい性があり，十分に練られたものではないと批判されていた（舘2005）．これは，そもそも設置認可は国が権限を有するものであるが，事後チェックを認可権限を持たない評価機関が行うことに構造上の問題がある，という批判である．そのために，評価結果は行政処分などの強制力を持たないものとなっている．

この点から見れば，認証評価は行政府による直接規制ではなく，大学セクターによる自主規制と見ることができる．一部の評価機関は大学団体が設置したものであるし，そうでなくとも評価者は大学教員がほとんどである．原田（2007）によれば，一般的に自主規制のメリットとしては，学問の自由への行政府の直接介入を回避できることや，対象が専門的・個別的な場合に最低限の規制基準を上回るコンプライアンス活動を誘導したり，規制内容を個別化したりできること，政府の負担が軽減されることを挙げることができる．逆にデメリットとしては，被規制者側が微温的な措置・過小規制で済ませるという特権性・閉鎖性などが指摘される．要するに，厳しい内容・方法を回避する可能性が構造的にあり，それゆえに自主規制は信頼に値しないという批判が外からなされる可能性を有している．

また，あいまい性の点では，保証する「質」とは何であるかも明確ではない．そもそも「質保証」の定義は国際的にも多様であると言われるが（Williams and Harvey 2015），認証評価の初期においては，「教育のプロセスが認証評価機関の定める基準に適合しているか」を質と定義している傾向が強かった．

このような特徴によって，認証評価は導入された際には，大学から大きな抵抗が生じず受容されやすいものになったと考えられる．つまり，大学セクターが定める評価基準のもとで，大学が教育プロセスの課題点を自己評価の中で自ら認識し，その改善を図ることが可能な構造になっていたためである．実際，大学評価・学位授与機構が認証評価を受審した後の大学へ実施したアンケート調査からは，大学内で教育研究活動の現状を把握し，課題を把握できたことが認証評価の最たる効果であったと示されている（金，林，齊藤 2009，大学評価・学位授与機構 2013）．その反面，教育の成果よりも大学内の教育プロセスの課題把握に重点を置く評価は，学生や産業界などから関心がもたれることは期待し難い．実際，一巡目の認証評価では，教員数の不足や入学者数の定員割れや超過といった課題点が最も多く指摘された事項であり，それらの改善にはつながったが，このような外形的で最低限の規制基準に関する内容は，大学外の者が関心を持つような教育内容の良し悪しや教育の成果とは直結には関係しない．そのため，上記のアンケート調査においては，評価によって大学が「社会からの理解と支持」を得るという効果は低いと認識され続けてきた．

3.2 学修成果重視とインプット基準遵守の共存

一巡目を終えて，認証評価が二巡目を開始するに際しては，複数の方向への変更がなされた．一つには，一巡目の評価を受けた大学から，評価への対応負担による「評価疲れ」を懸念する声が多く上がり，その対応策として，各評価機関は基準数を減らすなどの簡素化を図った．

一方，高等教育政策の新たな方向からも大きく影響を受けた．2008年の中央教育審議会答申「学士課程教育の構築に向けて」（以下，「学士課程答申」

と略す）では，大学が学位授与の方針において学生が修得すべき学修成果を明確にすることを求めた．また，大学が自己点検・評価のための自主的な評価基準や評価項目を適切に定める等，内部質保証体制を構築することも求めた．情報公表については，2011 年に学校教育法施行規則を改正し，各大学が公表すべき教育情報を明確化した．各認証評価機関は，これらの議論を受けて基準を改定することになり，たとえば大学評価・学位授与機構の基準では，それまでの「教育の成果」の基準を「学習成果」に変え，「教育の質の向上及び改善のためのシステム」の基準を「教育の内部質保証システム」に変え，「教育情報等の公表」の基準を新設した．しかし，認証評価機関ごとにこれらの基準項目の定義や捉え方は様々であり，具体的な内容が検討されていくのは，二巡目の期間を通してのことになる．

さらに別の方向として，二巡目では大学設置基準の遵守がより明確な形で確認されるようになった．その背景には，設置認可の緩和以降に，杜撰な設置計画の提出が増えたり，新設された大学の設置計画履行状況調査において多くの問題が見られたりしたため，再び規制強化の方向へと見直されたことがある（濱名 2015）．この中で，設置認可と認証評価を含む質保証システム全体のあり方も検討された．中央教育審議会大学分科会「中長期的な大学教育の在り方に関する第二次報告」（2009）では，認証評価が事後確認の機能を持つことを再度強調し，大学評価基準と学校教育法や大学設置基準との関係を整理することを求めた．

結果的に，認証評価では大学設置基準等の確認をすることが改めて重視された．大学評価・学位授与機構の認証評価では既に一巡目の途中から，「学士課程答申」を受けて「15 週にわたり授業が行われているか」が厳しく確認されるようになっていた（野田，渋井 2016）．二巡目には，自己評価実施要項では各基準について関係法令等が明記されるようになり，別紙として「関係法令等適合チェックリスト」の作成も求められるようになった．

このように二巡目は，アウトカムである学修成果や，大学自身の内部質保証システムへの視点が生まれる一方で，インプットやプロセスの外形的な項目を中心とする大学設置基準遵守の厳格化もなされるといった，異なる方向性を同時に有することになった．

3.3 内部質保証の構築

これに対して，三巡目の認証評価の方向性は明確である．中教審大学分科会（2016）『認証評価制度の充実に向けて』では，認証評価が「法令適合性等の外形的な評価項目等が多く，必ずしも教育研究活動の質的改善を中心としたものとなっていない」とした上で「内部質保証機能を重視した評価制度に転換する」と述べた．

既に二巡目の段階でいくつかの認証評価機関の基準には「内部質保証」は入っており，自己点検・評価を実施し，それを改善へと結びつけることを求めてはいた．しかし，この間に3つのポリシーや学修成果の重視といった方向，その前提としての学位プログラム重視の考えが明確になるにつれ，これまでの内部質保証が不十分であることが見えてきた．

機関別認証評価は，その言葉通り，機関（大学）を単位とする．しかし，学修成果やカリキュラムを具体的に点検しようとすれば，それを大学単位で行うことには限界があり，教育が実際に実施される学位プログラムを単位として行わざるを得ない．しかし，それまでの日本の認証評価は大学単位でのマネジメントサイクルに焦点を置いていたがために，大学，プログラム，授業科目といった階層構造を意識した質保証システムの形成に向けた議論が十分でなかった．この点を早田（2017）は，それまでの認証評価は「大学の質保証」であり，「大学教育の質保証」では決してなかったと述べている．

この点は，内部質保証が先行的に議論されていた欧州と対比すると，より明らかである．欧州諸国では1990年代に欧州委員会の支援もあり，まずプログラム単位の外部質保証の取組が始まった（Hopbach, 2012; Sursock, 2012）．その後，大学がそれを複数回経験したことで，プログラムの質保証を内部質保証として大学自身で行うことができるようになり，欧州委員会もその焦点を大学の内部手続きの発展へと移した．「欧州高等教育園における質保証の基準とガイドライン（ESG）」でも，内部質保証の核はプログラム単位の内部承認やレビューであると述べ，大学がプログラムの質保証を行うという構造が示されている．加えて，国内あるいは欧州レベルの学会や専門職団体ではプログラムの認定やレビュー（すなわち，外部質保証）を行っている場合もあり（大学評価・学位授与機構 2015），内部質保証においてもそれらの結果を活用することも可能となっている．

これに比して，日本はプログラム単位の外部質保証の経験が無い中で，認証評価として機関単位の外部質保証から始めた．それが15年経ち，大学の主体的な内部質保証をいっそう重視しようとする中で，プログラム単位での具体的な教育の質をいかに保証するかという問題に直面したのである.

ただし,日本でもプログラム単位の質保証が無視されていたわけではない.認証評価制度の導入の際には当初より,(プログラムではなく)「分野別」評価として議論はなされており,専門職大学院の認証評価は現に制度化された.また,工学や保健分野の評価も独自に展開されてきた.さらに,「学士課程答申」では分野別評価の取組が総じて低調であると指摘するなど,継続した問題意識を示していた.それを受け,日本学術会議では文部科学省からの依頼により「分野別質保証のための教育課程編成上の参照基準」の策定を行うことになった.

しかし,専門職教育以外の分野では,評価の取組は低調なままである.まず,上記の「参照基準」は十分に活用されている状況ではない.筆者らは2015年2月時点で,予備的調査として,それまでに「参照基準」を作成した18の分科会の委員長に対して,作成した「参照基準」が大学等によって活用された実績があるかを聞いた(回答9件).しかし,使われているという情報は存在しなかった(大学評価・学位授与機構 2015).

また,海外では学協会や,職業資格を設定・授与する団体や専門職能団体が質保証の取組を行っている場合もある.日本でもそのような団体が質保証に関連する取組を行っているかを調査した(大学評価・学位授与機構 2016).結果,全体的に実施数は少なかった.学協会に限れば,日本学術会議協力学術研究団体指定団体へ調査票を送付した結果(有効回答数729団体,回答率36.1%),「育成すべき能力の明文化の取組」については比較的多く実施されており,自学協会で作成・検討中とした回答が14%,自己の分野において自学協会以外で取り組まれているとした回答を含めれば31%となった.また,「独自に資格を授与する取組」も次に多く見られた.しかし,評価に相当する取組はほとんど行われていないという結果であった.

加えて,同調査からは,そもそも分野によって質保証に関する認識の違いがあることも明確になった.調査では質保証に関していくつか想定される考え方を列挙し,同意するかを5件法で求めた.結果からは,まず,分野に関わらず全体的な傾向として,「各分野固有の知識・技能・態度を身につけさせる教育が重要」と考える団体が66%(5段階で4以上の回答割合)と多く,「分野横断的なジェネリックスキルを重視した教育が重要」という考えも60%が同意した.

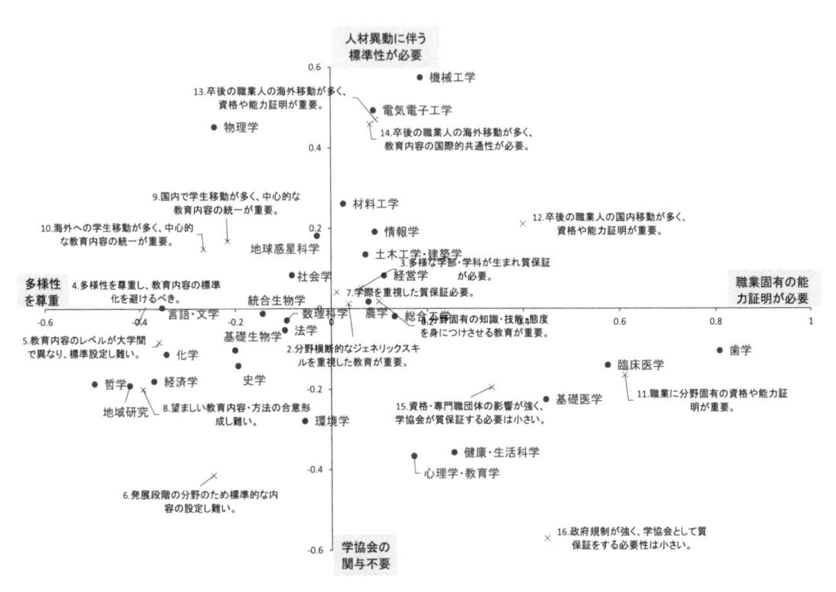

図1　分野ごとの質保証に関する意見のコレスポンデンス分析結果

しかし，それ以外の設問では分野による違いが見られた．図1では学協会を『学会名鑑』における30分野に区分し，回答傾向をコレスポンデンス分析にて図示している（林，蝶 2016）．人文・社会科学分野では全体的に，教育内容の多様性を尊重し，教育内容の標準化を避けるべきという意見が強く示された．また，教育内容のレベルが大学間で異なり，標準を設定し難いという意見も強い．ただし，社会科学の中でも心理学や教育学では，資格による職業能力の質保証を重要視する傾向がある．一方で自然科学でも，保健分野（生命科学）では，卒業生が職業につくために分野固有の資格や能力証明が重要という考えが顕著に示された．他方，理学分野は化学や地球惑星科学などにおいて教育の多様性を尊重する傾向が高く，工学分野では特に電気電子工学や機械工学では，海外における能力証明を行うことを重視する傾向がある．このように質保証をいかに考えるかは分野によって大きく異なるのである．

これらの調査結果を総合的に見れば，まず，プログラム単位の教育の質保証を実現しようとしたときに，我が国では分野別の外部質保証が多くの分野で早急に拡大することは期待し難いことがわかる．そうすると，大学が内部質保証の中でプログラム単位の点検やモニタリングを自ら設計して実施せざるを得ない．大学がプログラム実施の責任組織(たとえば学科など)に対して，3 つのポリシーの検討や学修成果の把握といったプログラム・レビューを求め，学部・研究科や大学がその結果を確認する．このような階層構造によって内部質保証が実現されるようなモデルが考えられる（たとえば林 2017a)．三巡目の認証評価では，そのような階層構造を前提に，大学としての内部質保証が機能しているかが評価されていくことになる．

ただし，プログラムの分野等による特徴をいかに踏まえて内部質保証を行うかは今後に残された課題である．プログラムの質保証が外部の参照点も外部からの目も無い学内で閉じた自己点検でしかなければ，大学外からは信用性が低く見られかねない．また，学修成果の測定結果なども他大学との比較可能性が低ければ，外からは解釈しづらい情報となる．他方で，大学内で一律にプログラムの質保証を進めようとすれば，上記のような分野による質保証の考え方や学修成果の測定方法の違いが尊重されない可能性もある．これらの論点を踏まえれば，分野ごとにはどのような質保証が望まれるかなど，参照可能な情報を検討し広く共有していくことも，内部質保証の充実のためには，今後，求められるであろう．このような学修成果等についての分野ごとの特性を踏まえた検討は，後述の国立大学法人評価の現況分析における検討とも関係する課題である．

4. 国立大学法人評価の展開

4.1 評価目的の迷い

認証評価と比して，法人評価に関する検討は難しい．それは，評価の具体的な実施目的が不明瞭だからである．法人評価は国立大学法人法に基づいて実施されるが，法文には実施目的は明示されていない．国立大学法人制度を形作った報告書である，国立大学等の独立行政法人化に関する調査検討会議(2002)『新しい「国立大学法人」像について』では，「評価により，大学の継続的な質的向上を促進するとともに，社会への説明責任を果たすことを目的とする」とし，活用方策には「教育研究その他の活動の改善のために役立てる」「次期以降の中期目標・中期計画の内容に反映させる」「次期以降の中期目標期間における運営費交付金等の算定に反映させる」と書かれている．

つまり，大学の改善・向上（次期計画策定含め），説明責任，資金配分などが目的として併記されている．

だが，実際にはこれらはトレードオフの関係にある（西出 2009）．資金配分のためには業績の総括評価が求められるが，大学は都合の悪い状況は曖昧に説明し，一部の成果を過大に報告する策略をとることができる．そうすると，社会へは不適切な説明をすることになり，大学内部での改善計画策定への取組を削いでしまうかもしれない．原理的に，全ての目的を一つの評価で果たすのは容易ではない．

実際に，第一期中期目標期間の評価（4 年目終了時評価）実施後に，大学や評価者に対して行った調査において，法人評価についてどのような目的認識で対応したかを確認した（大学評価･学位授与機構 2009）．結果，評価者は，「教育・研究活動の改善を促進」することを最も重視した回答が多く（85%．複数選択可），「資金配分への反映を念頭に厳正に評価」することを最も重視したものは 38%であった．他方，大学は 77%が「資金配分を念頭に実績をアピールする」ことを最も重視し，また，61%は「教育・研究活動の改善を促進」を選んでおり，評価者と比べて，資金配分への活用がどうなるのか疑心暗鬼な状況で評価に対応していたことがわかる．

だが，評価後になって，評価結果によって配分される運営費交付金は 30 大学に対して年間合計 30 億円のみと，影響は大きくないことが明らかになった．また，評価結果を踏まえて，総務省の政策評価・独立行政法人評価委員会が「勧告の方向性」を公表し，これを受けて文部科学省が「国立大学法人等の組織及び業務全般の見直しについて」を決定したが，これは個別大学ではなく国立大学全体に対しての勧告でしかなかった．そのため，一部の国立大学では，法人評価に対する関心が減少することになった．

4.2　達成度評価の方向性

第二期中期目標の評価は，4 年目終了時でなく，中期目標期間（6 年）終了後に実施された．そのため，評価結果を次期中期目標の策定に反映するという活用策も最初から放棄されたものであった．また，運営費交付金配分への影響も第一期と同程度と予想された．その結果，評価後には評価者から「法人によって達成状況報告書の質の差が大きい」と指摘されるほど（大学改革支援・学位授与機構 2018），大学によって評価にどれほど注力するかは差があるものとなった．

表２　今後の方向性についての因子分析結果（プロマックス法，固有値１以上）

項目	平均値	因子1	因子2	因子3	因子4
e. 教育・研究活動の質的向上に，より寄与すべき	4.06	1.02	0.03	− 0.08	− 0.26
f. 教育研究の国際的水準・競争力の向上に，より寄与すべき	3.58	0.65	− 0.04	0.09	0.11
a. 大学等の個性の伸長に，より寄与すべき	4.08	− 0.01	0.94	− 0.09	− 0.28
c. 中期目標・計画の達成状況の報告による社会への説明責任に，より焦点をおくべき	3.52	0.11	0.31	0.14	0.03
b. 大学の類型ごとの機能強化に，より寄与すべき	3.60	0.12	0.30	0.27	− 0.04
h. 運営費交付金の算定へ，より影響すべき	3.02	− 0.10	0.01	0.61	0.11
j. 大学等間の競争意識の向上に，より寄与すべき	2.74	0.35	− 0.11	0.56	− 0.13
i. 大学等への公的支出の意義の明確化に，より寄与すべき	3.35	− 0.12	0.36	0.41	− 0.03
g. 大学等内の業務や組織の改廃の判断へ，より寄与すべき	3.12	− 0.05	0.16	0.26	0.21
d. 大学等内の管理運営サイクルの向上に，より寄与すべき	3.82	0.42	0.09	− 0.08	0.64
k. 他の評価との関係を含めて，評価内容を整理すべき	4.39	− 0.13	− 0.20	0.05	0.36

このような法人評価に対する考え方は，評価によって教育研究の改善効果があるかにも影響する（林，渋井，蝶，土屋2018）．評価後に大学に実施した調査では（回答90法人，回答率100％），法人評価に対する大学の考え方を間接的に示すものとして「今後の法人評価のあり方」を問うており，また，評価によってどのような効果があったかの認識も聞いた．表２は，今後の法人評価の方向性に関して，選択肢への同意を５件法で求めた回答の平均値と，回答結果を因子分析によって４つの因子にまとめた結果を示している．結果からは，法人評価について，因子１：教育研究の質的向上を重視，２：大学の個性化・機能分化による説明責任を重視，3：競争的資源配分の推進を重視，4：管理運営の有効化・評価の効率化を重視，といった４つの考え方があることを示している．

一方，表３には達成度評価が大学にどのような効果や影響を有していたかについて，その平均値と，上記の４因子の因子得点との相関係数を示している．教育研究の質的向上（因子１）を重視する場合は，大学の個性化，リーダー

表３　評価による効果と因子得点の相関

	平均値	相関係数			
		因子 1	因子 2	因子 3	因子 4
a. 貴大学等の中期目標・計画に基づく運営サイクルが確立できた.	3.87	0.28**	0.28**	0.23*	0.15
b. 教育研究の課題が把握できた.	3.87	0.39**	0.22*	0.19	− 0.07
c. 全体的にみて，教育活動が改善した.	3.57	0.35**	0.21	0.25*	− 0.02
d. 全体的にみて，研究活動が改善した.	3.51	0.45**	0.26*	0.31**	0.06
e. 貴大学等の個性の伸長を促進できた.	3.56	0.52**	0.47**	0.34**	0.05
f. 教職員の間で大学等の目標や方向性が共有された.	3.47	0.36**	0.26*	0.33**	0.17
g. 執行部のリーダーシップが高まった.	3.57	0.49**	0.48**	0.22*	0.19
h. 社会に対し貴大学等の活動を説明することの重要さが学内に浸透した.	3.28	0.33**	0.31**	0.32**	− 0.08
i. 社会への説明責任が果たされた.	3.66	0.11	0.14	0.05	− 0.08
j. 大学等間の競争意識が生まれた.	3.04	0.36**	0.19	0.10	0.13

シップ，研究の改善などを筆頭に，多くの効果の項目と相関があった．因子2や3では一部の項目との相関が見られた．しかし，管理運営の有効化や評価の効率化を重視する場合（因子 4）には，効果との関係は見られない．

つまり，法人評価を自らの大学における教育研究の質的向上の機会として取り組もうとしている大学は実際に評価を通じて効果を生んでいる（と認識している）が，そうでなければ法人評価は大学にとって効果の少ない，負荷ばかりの作業となっている可能性がある．現在の枠組みの法人評価では，その有する意義は大学側が評価を活用しようと考えるか否かの意識に，大きく依存する形になっているのである．

4.3　教育水準の評価

一方，法人評価は，中期目標・計画の達成度評価だけでなく，学部・研究科等を単位とする教育・研究の水準の評価（現況分析）も実施されることが特徴であり，それらについては別の論点がある．

そもそも国立大学法人法では，大学改革支援・学位授与機構が「教育研究の状況についての評価」を行うことと規定している．しかしこの「教育研究の状況」とは中期目標の中の「教育研究の質の向上に関する事項」の達成状況のことであるのか否かは明確でなかった．そのため，平成 17 年の国立大学法人評価委員会（第 10 回）では，審議の結果，「教育研究の状況の評価については，中期目標の達成度に加えて，教育研究の水準に関する評価を行うことが必要である」として，目標設定の高低によって評価結果が影響を受けるような達成度評価だけでなく，教育研究水準の評価をあわせて行うことを決めたのである．

しかし，教育研究の「水準」とは何のことか，いかにその高低を判断できるのかは明確ではなかった．検討の結果，現況分析では，教育水準とは教育のプロセス面（方法）及びアウトカム面（成果）の両面を評価項目に含むものと決定された．しかし，現況分析では，認証評価における満たすべき基準のようなものは存在しない．そのため，各学部・研究科が教育方法の特徴や教育成果を自由に説明する形の自己評価書（現況調査表）を作成することになった．この結果として，第一期評価では，大学により自己評価として記載された内容は極めて多様なものとなった．教育水準の評価においては，単に学科構成や授業科目表などを記載するだけの，まさに「現況」を説明するだけのものから，教育内容の特徴や改革の取組をアピールするものなど差が見られた．つまり，この時点では，どのようなことを高い水準と考えるか，どのような記述を求めるかの合意が明示的な形では存在せず，あるいは，それを形成する必要性も認識されていなかったということである．

このような第一期の状況を受けて，第二期では，分野ごとに記載されることが期待される内容を示す参考文書（「参考例」）が，7 つの学系（分野）ごとに作成された（大学評価・学位授与機構　研究開発部 2015）．作成においては，分野ごとに第一期評価にて高い評価を得た内容の分析，ならびに，その時点での政府や学界や産業界から出された提言等において各分野の教育・研究に対してどのような期待が明言されているかの分析がなされ，これらの情報をもとに，分野ごとの委員会において，どのような活動や成果を高く評価しうるのかが議論された．

たとえば，学修成果についても，人文学では，総括的な学修成果としての卒業論文とその指導・評価方法を重視すべきという議論がなされた一方，理学では，実習・演習を通した基礎的な学修成果の確認が重要という議論がなされた．社会科学では学修成果の提示の仕方として，卒業生などで学修成果が身についたと考えられる理想的な事例を述べることによってジェネリックスキルを含めた成果を示すという方法も考えられると指摘された．保健分野では，免許試験などの結果が重要であるとしつつも，医師などのキャリアのルートから外れた学生の支援をあわせて重視すべきという議論がなされた（林 2017b）．このような議論を踏まえて作成された「参考例」は，評価後の調査では，学部・研究科等の 66%，評価者の 81%が「参考例」を確認し，その多くが参考になった旨回答している（大学改革支援・学位授与機構 2018）．

このように教育水準の評価では，何が優れた教育方法や学修成果であるのかについて，第一期ではピアレビューとして分野ごとの各評価者の主観的で暗黙的な判断に委ねていたことを，第二期では形式知化しようとしている．これはチェック項目のようなものではなく，学部・研究科の多様性や独自の取組は尊重しつつも，分野内で共通的な観点や指標が利用可能であるかを検討しようとしたものであった．ただし，結果的には参考例にも雑多な内容が含まれるなど，課題は残るものとなった．今後，このような分野ごとの観点の醸成がさらに進めば，外形的な定量指標ではなく，定性的な情報のもとでも，ある程度の比較可能性を有する評価が可能となると考えられる．

4.4　研究水準の評価

研究水準の評価は，これまでの教育を中心とした評価の議論とは異なる．研究水準の評価では，「研究業績水準判定」という個々の研究業績を対象とするピアレビューが重視され，それに特有の論点が生じるからである．

そもそも，ピアレビューを含む大学の研究評価は英国，オランダ，豪州，イタリアなど様々な国で異なる方法で行われおり，中でも英国の Research Excellence Framework（REF）は日本でもしばしば参照されてきた．だが，日本の評価方法は，英国とはいくつかの点で異なる．たとえば，2014 年実施の REF は研究実施教員 1 人当たり 4 件の研究業績の情報を提出する方式であるが，日本では，組織を代表する優れた研究業績を一定数（一期では教員数の 50%，二期は 20%）を上限に大学が選び，各研究業績が卓越していると主張できる根拠を指標などの客観的情報を用いて大学が自ら説明する方法になっている．さらに，判定の基準は大学が学術的意義と社会・経済・文化的意義から選択する．このような研究評価における課題の詳細については，稿を改めての議論が必要となるが，本稿では英国との比較から見える論点に絞り，以下に指摘する．

一点目は，研究分野ごとの適切な指標の設定である．上記のように，日本では大学が根拠をもって研究業績の卓越性を説明するという方法をとっているため，業績ごとにそれぞれの分野に適した指標を大学が記載することが可能となっている（林，土屋 2016）．研究評価の議論においては，論文の引用数などの指標は人文学，社会科学，工学の一部では適切ではなく，分野の違いに応じた多様な指標の開発が今後必要であることは，英国をはじめとして国際的にも議論されている（Wilsdon et al. 2015 等）．そのため，日本のように大学側が各分野にとって適切な根拠データを示す方法は，この問題への一つの対応となる．だが，実際には，提示される指標は雑多であり，定義も測定方法も異なるため，評価者が判断を行うのは難しい面もある．上述の「参考例」は，分野ごとの研究業績を説明するための根拠データについても，第一期の評価結果を踏まえて例示を行っている．だが，指標についての検討はまだ初歩的な段階である．

二点目は，評価基準である．REF が英国内外において注目されているポイントの一つは，研究業績評価の基準の一つとして，研究成果による学術面を超える社会的影響である「インパクト」を採用したことにある（英国でのインパクト評価に関しては既に多くの論文等がでているが，最近の包括的なものとして Smith et al. 2020）．だが，実は日本では英国を 10 年以上遡る試行的評価の時点から，研究業績を評価する基準として，学術面に加えて，社会・経済・文化面の貢献を設定してきた．しかし，日本ではこの基準についての関心は総じて低い．研究業績説明書の様式も簡素であり，記載される根拠情報も学術界以外からの受賞実績などの外形的な内容が多い．これは，英国では大学の研究がどのような影響を生んだのかについて事例説明を数ページに渡って求めていることとは異なる．

そもそも，英国におけるインパクト基準が国際的にも注目されている理由は，公的資金で行われる大学の研究活動に対して，その説明責任として，学術的な質だけでなく，社会，経済，文化，環境面での効果の説明を明示的に求めるようになったためである．日本においても，大学の研究活動への公的投資のあり方を検討しようとすれば，このような視点からの評価が重視される可能性はあり，大学の現場における関心の醸成や方法論の確立が今後必要になる．

三点目は評価結果情報の活用である．日本では 500 人以上のピアレビューにより研究業績水準の判定が行われているが，その結果は評価書に集計値が記載される程度である．運営費交付金配分に直接的に影響するわけでもない．また，この結果情報を，大学や社会が積極的に活用する状況でもなく，そのインフラもできていない．これに対し，英国では研究評価のために提出された研究業績情報が全て公表されており，誰もが分析可能になっている．前述のインパクトについても，大学や分野ごとに政治，医療，技術，経済，法，文化，社会，環境といったどのカテゴリーにおいて，どの地域に影響がもたらされているかをデータベースにより把握可能となっている（https://impact.ref.ac.uk．分析例として King's College London and Digital Science., 2015）．これにより，上記のように大学への公的研究投資の社会的効果が，透明で具体的な形で説明されうるのである．日本でも，大学評価結果をより積極的に活用する方策について議論されてもよいだろう．

5. 大学評価の意義の再構築

以上のように，認証評価と国立大学法人評価について，その変遷を概観した．評価制度の導入時は，大学の個性化・多様化の政策の流れの中で，各大学の独自の理念や目的・目標の存在を前提に，大学単位の内部マネジメントサイクルの確立を重視する傾向が強く，大学間の比較も避けてきた．それゆえに大学外からの関心を得る評価とはならず，法人評価は資金配分への影響も薄いものとなり，別の評価類似の取組が生まれる要因にもなった．

しかし15年余りのうちに，大学評価制度の中でも状況は変わりつつある．教育の評価では学修成果が重視されるようになってきた．認証評価では設置基準遵守による最低限の質の保証は求められる一方で，内部質保証が重視され，そこでは3つのポリシーに基づくプログラム単位の点検が必要となる．学修成果の把握や可視化は，その中の重要な部分となる．同様に，法人評価においては，現況分析における教育水準の評価において，「高い水準」の教育をいかに定義できるかが論点であり，学修成果の測定はその中心的課題である．また，研究の評価については，大学評価以外の競争的資金配分や研究力分析の場面においては，この10年程度の間に論文データ分析が多用されるようになってきた中で，法人評価では多様な根拠データを踏まえたピアレビューによって研究成果の卓越性（社会面へのインパクトを含め）をいかに評価できるかが論点となってきた．つまり，教育・研究の双方で多様な成果（アウトカム）をいかに測定して示すかが，大学評価制度でも具体的な問題として顕在化してきたのである．しかし，それらはいまだ，分野等の特性を踏まえた適切で客観的な測定のための指標や方法が確立できた状態には至っていない．

その一方で，内閣府や財務省からは，近年，国の成長戦略やイノベーション政策の枠組みの中で，大学の教育・研究の成果についての測定と評価についての必要性が強く示されるようになっている．「経済財政運営と改革の基本方針 2019」では，国立大学の自律的経営の強化に言及した上で，「現行の「国立大学法人評価」，「認証評価」及び「重点支援評価」に関し，廃止を含め抜本的な簡素化を図り，教育・研究の成果について，中長期的努力の成果を含め厳正かつ客観的な評価に転換する」としている．さらに，評価の活用として，「国立大学法人運営費交付金について，教育研究に係る客観・共通指標による成果に基づく配分対象割合・再配分率を順次拡大する」としている．このような運営費交付金配分への指標や評価の活用の必要性は，「統合イノベーション戦略」，「成長戦略」，財務省財政制度等審議会の建議など，各種の政策文書等で近年指摘されている．

ここで求められているのは，大学の教育・研究の成果に関する客観的で共通的な指標に基づく評価であり，その結果を資金配分へも活用しうる評価である．このような，大学の教育研究の質や実績に対して，明確な形での情報と評価を求める動きは国際的にも共通のものである（Hazelkorn et al. 2018）．大学が輩出する人材や知識が経済政策やイノベーション政策における重要な要因となることで，大学は公的・私的投資の対象として，その質や実績を示す圧力にさらされるようになっている．この新たな要求に対して日本の大学セクターは今後どのように反応するかは明確ではない．仮に，大学の教育・研究の成果は，定量的には測定し難いものであり，評価者による質的な判断を必要とすると主張し，また，成果について，大学の種類や多様な分野を超えて共通的な指標を作るのは難しいと主張するのであれば，たとえば，法人評価の教育・研究水準の評価や研究業績判定のように，分野ごとの基準検討の取組を加速させ，早急に，分野ごとに，多様性を踏まえつつもある程度標準的な質的観点や量的指標を形成することが求められよう．

このような取組を大学評価制度として行うか，行政府が別の枠組みで行うかは，教育研究の質の定義を誰が行うのかという問題に直結する．2 節において，初期の大学評価制度では，大学セクターが質を定義するとともに，個々

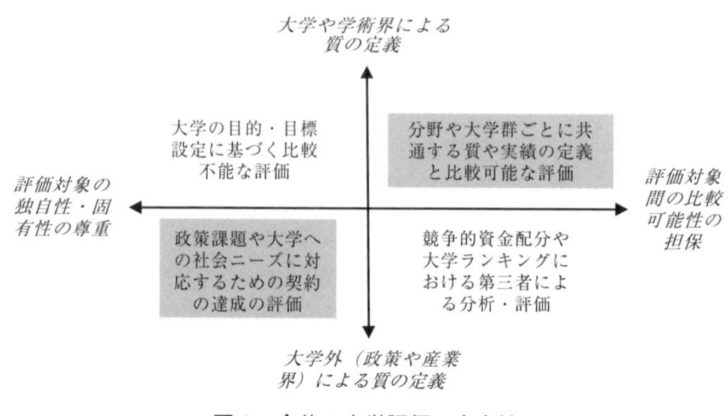

図２　今後の大学評価の方向性

の大学の独自性を重視していたが，大学評価以外の取組は政府やランキング会社が質を定義し，比較可能性を担保するものとして対比した．それを図2のように，①質の定義の主体と②比較可能性の二軸で図示すれば，大学評価とそれ以外の取組は左上と右下の象限に配置される．

「経済財政運営と改革の基本方針 2019」はこのような対立構造のもとで，左上の象限を否定し，右下の象限を強化する流れにも見える．しかし，大学評価制度を検討し直し，評価の中で，大学セクターが分野等ごとに教育・研究のアウトカムの測定を比較可能な程度に設定することができれば，それは図の右上の象限に位置し，大学セクター自身が教育・研究の質を定義する主体であり続けることが可能となる．ただし，上述のように，この議論が国の経済政策やイノベーション政策から生じていることからも，質を大学セクター内部の学術的基準のみで定義しようとすることでは，外部からの賛同が得られない可能性が高い．産業界や政府における大学の教育・研究への期待を踏まえ，研究のインパクト基準や，将来の産業構造のもとでの人材ニーズのような視点も積極的に含めていくことが必要となるかもしれない．

他方，左下の象限に入るのは，豪州の mission-based compact に見られるように，教育・研究について政府が提示する政策課題に対して，大学が政府と契約を結ぶ形で，大学独自の戦略的取組を実現するものである．これは，現在の「三つの重点支援枠組み」における戦略形成と中期目標・計画をあわせたような，新たな中期目標・計画を検討することになるかもしれない．

このように，現在の政策的要求を踏まえれば，これまでの大学評価制度とは異なる大学評価を検討することも必要となろう．これから始まる第四期の運営費交付金の配分方式や中期目標・計画の策定のあり方の議論とあわせ，法人評価がどのような機能を有するべきかを改めて検討し直すことが求められる．その場合に認証評価については，法人評価との重複を調整するような対応ではなく，三巡目で既に方向性が示されているように内部質保証を重視し，内部質保証に問題がある大学のみを詳細に評価するリスクベースのアプローチを四巡目以降に採るなどの方法を，大学の状況を踏まえて検討することが考えられる．20 年間の大学評価制度の経験を踏まえつつも，評価制度の抜本的な検討が求められる段階に来ているのではないだろうか．

◇参考文献

金性希，林隆之，齊藤貴浩，2009，「認証評価による大学等の改善効果の創出構造―大学等に対する認証評価の検証アンケート結果の比較分析を中心に」『大学評価・学位研究』第 9 号，pp. 19-42.
大学改革支援・学位授与機構，2018，『「国立大学法人及び大学共同利用機関法人における教育研究の状況についての評価」に関する検証結果報告書（第 2 期中期目標期間）』.
大学評価・学位授与機構，2009，『「国立大学法人及び大学共同利用機関法人における教育研究の状況についての評価」に関する検証結果報告書』.
大学評価・学位授与機構，2013，『進化する大学機関別認証評価―第 1 サイクルの検証と第 2 サイクルにおける改善』.
大学評価・学位授与機構，2015，『大学教育における分野別質保証の在り方に関する調査研究報告書』.
大学評価・学位授与機構，2016，『我が国における大学教育の分野別質保証の在り方に関する調査研究報告書』.
大学評価・学位授与機構　研究開発部，2015，『教育・研究水準の学系別評価基準のあり方にかかる調査研究報告書―学系別の教育・研究水準の評価にかかる参考例』.
舘昭，2005，「国際的通用力を持つ大学評価システムの構築―「認証評価」制度の意義と課題」『大学評価・学位研究』第 3 号，pp. 3-19.
西出順郎，2009，「国立大学法人評価制度の理論的考察―制度設計上の合目的性と機能可能性」『日本評価研究』vol. 9(3)，pp. 95-108.
野田文香，渋井進，2016，「「単位制度の実質化」と大学機関別認証評価」『大学評価・

学位研究』第 17 号，pp. 20–33.
濱名篤，2015，「質保証の政策評価」『高等教育研究』第 18 集，pp. 49–67.
早田幸政，2017，「第 3 期認証評価の展望」『IDE 現代の高等教育』2017 年 11 月号，pp. 4–9.
林隆之，2017a，「プログラム・レビューを核とする内部質保証」『IDE 現代の高等教育』2017 年 11 月号，pp. 45–49.
林隆之，2017b，「教育研究の分野別評価・質保証」大学改革支援・学位授与機構『グローバル人材教育とその質保証―高等教育機関の課題』ぎょうせい，pp. 128–140.
林隆之，土屋俊，2016，「学問分野による「卓越性」指標の多様性―多様な研究成果への報償の必要」石川真由美編『世界大学ランキングと知の序列化―大学評価と国際競争を問う』京都大学出版会，pp. 325–345.
林隆之，蝶慎一，2016，「学協会・専門職団体による分野別質保証の取組状況と認識」日本高等教育学会第 19 回大会，追手門学院大学.
林隆之，渋井進，蝶慎一，土屋俊，2018，「国立大学法人の第二期中期目標期間評価の検証」日本高等教育学会第 21 回大会，桜美林大学.
原田大樹，2007，『自主規制の公法学的研究』有斐閣.
Hazelkorn, E. Coates, H. and McCormick, A. C. (Eds.), 2018. Research Handbook on Quality, Performance and Accountability in Higher Education, Edward Elgar Publishing.
Hopbach, A., 2012. “External Quality Assurance Between European Consensus and National Agenda”s, in: Curaj, A. et al. (Eds.), European Higher Education at the Crossroads: Between the Bologna Process. Springer, pp. 267–285.
King’s College London and Digital Science., 2015. The nature, scale and beneficiaries of research impact: An initial analysis of Research Excellence Framework (REF) 2014 impact case studies. King’s College London.
Smith K.E. et al., 2020. The Impact Agennda: Controversies, Consequences and Challenges, Policy Press.
Sursock, A., 2012. “Quality Assurance and the European Transformational Agenda”, in: Curaj, A. et. al. (Eds.), ibid, pp. 247–265.
Williams, J., Harvey, L., 2015. “Quality Assurance in Higher Education”, in: Huisman, J., et. al. (Eds.), The Palgrave International Handbook of Higher Education Policy and Governance. Palgrave Macmillan UK, pp. 506–525.
Wilsdon, J. et al., 2015. The Metric Tide: Report of the Independent Review of the Role of Metrics in Research Assessment and Management.

ABSTRACT

Twenty Years of University Evaluation in Japan

HAYASHI, Takayuki
National Graduate Intistute for Policy Studies

Twenty years have passed since university evaluation systems were introduced in Japan. In this paper, we will review and examine how the focus and methods of Japanese university evaluations have changed. When the Certified Evaluation and Accreditation and the National University Corporation Evaluation systems were introduced, the individual objectives of each university were emphasized, and the comparability of the results of different universities was denied. Therefore, interest in evaluation did not increase, and other approaches similar to evaluation arose. However, there has been discussion of standardized criteria, indicators of learning outcomes, and multi-faceted measurement for each field. In addition, the Ministry of Finance and Cabinet Office are likewise strongly requesting objective evaluation of educational and research outcomes. To respond adequately, university evaluation must be systematically reviewed.

認証評価の課題と可能性

野田　文香

導入から16年が経過した認証評価は，その目的である質の保証・改善については一定の成果がみられる一方，「社会への説明責任」は十分に果たしきれていないことへの懸念が示されてきた．法令適合性を重んじた外形的評価の限界や質保証の国際スタンダード化を背景として重点評価項目となった内部質保証には，今後，学生が身に付けるべきアウトカムを基軸とした「学位プログラム」の構築をはじめ，教育プログラムの質保証のより一層の充実が求められる．学修者主体の教育と学位等の国際通用性の確保を目指し，認証評価が高等教育と社会とを結びつけるプラットフォームとして機能していくために，社会的目線を伴うアウトカムに紐づいた参照基準や資格枠組みなどを，質保証制度に組み込んでいくことが重要である．

はじめに

現在，日本の高等教育を取り巻く環境は目まぐるしく変化しており，大学財政の逼迫，グローバリゼーションに伴うヒトや機関，教育プログラムの国際モビリティの活性化，大学入試制度改革や高大接続，即戦力をもった人材養成を目指す専門職大学の新設，産業界との連携，AIなどの技術革新による就業構造の変化への対応など，多岐にわたる議論が進められている．さらに，18歳人口の減少による大学入学者数や労働力人口の縮小への大きな懸念のもと，政府は外国人留学生や社会人学生（リカレント教育）の受入れ拡大政策を強化している．また，予測困難な時代を前に，大学での学びの変革

大学改革支援・学位授与機構

も強く求められ，個々の教員が教えたい内容ではなく，学生が「何を学び，身に付けることができるのか」を実感できるような学修者主体の教授学習観への転換や，体系的なカリキュラム構築を含む効果的な教学マネジメントの必要性が謳われている（中央教育審議会 2020）．あらゆる側面から，高度で複雑な要求に応えることが期待される中で，各大学は教育研究活動等の質を包括的に担保する「質保証」活動を進め，その成果を社会に発信していくことが求められている．現在は特に，大学が自らの質を保証し，改善への努力を図る「内部質保証」を充実させ，それを第三者評価によって社会に説明するといった認証評価制度をいかに効果的に機能させるかが重要な議論の一つとなっている．我が国に認証評価が導入されてから 16 年の年月が流れた今，認証評価は大学や社会に対してどのような影響や効果をもたらしてきたのか．また，どのような反省点や課題が残されているのか．本稿では，認証評価をめぐる議論を振り返り，その課題や展望について考察する．

1. 日本における認証評価の成り立ちと背景

2004 年，学校教育法に基づいて日本に導入された認証評価は，国による事前規制を弾力化し，設置後の大学等の組織運営や教育研究活動等の状況を定期的に事後確認するといった規制改革政策の一つとして打ち出された第三者評価である．文部科学大臣が認証した「認証評価機関」から国公私全ての大学・短期大学・高等専門学校は，7 年以内に一度（専門職大学院は 5 年以内に一度）評価を受けることが義務づけられている．法科大学院は他の認証評価とは位置づけが異なり，「適格認定」の可否について判定が下される．

大学機関別認証評価を行う組織としては，大学基準協会，大学改革支援・学位授与機構，日本高等教育評価機構，短期大学基準協会の他，2019 年 4 月に公立大学協会を設立母体とする一般財団法人大学教育質保証・評価センターが新設され，同年 8 月に文部科学大臣から認証評価機関として認証された．大学教育質保証・評価センターの設立背景には，それぞれ特有の法令をもつ地方自治体を設置者とする公立大学の管理・運営面での特殊性が各評価機関に理解されにくいことが一つの契機としてあった（奥野 2020）．また，分野別認証評価については，2014 年に専門職高等教育質保証機構が立ち上げられた他に，専門職大学院の認証評価を行う機関が複数存在している．

大学が評価を行うことについては，既に 1991 年に自己点検・評価制度が努力義務化され，2002年には教育・研究・組織・運営・施設設備の状況について自ら点検評価を行い，その結果を公表することが課せられている．現行の認証評価制度は，それを第三者の立場から評価することを前提とし，大学は主に法令適合性等の観点から大学設置基準等に基づく教育研究環境（教員組織･教育課程･施設設備等）の確認と，認証評価機関が定める基準に沿った評価を受けることとなっている．すなわち，認証評価の評価基準には，①教育研究上の基本組織，②教員組織，③教育課程，④施設設備，⑤事務組織，⑥三つの方針（卒業認定・学位授与方針，教育課程編成・実施方針，入学者受入れの方針），⑦教育研究活動等の状況に係る情報の公表，⑧内部質保証，⑨財務，⑩その他の教育研究活動等の事項を含めることが定められている．認証評価の目的は，認証評価機関が評価結果を公表することにより，1）大学等が社会による評価を受けること，評価結果を踏まえて，2）大学自らが改善を図ること，と大きく2つある（中央教育審議会2009）．前者は「説明責任（accountability)」，後者は「改善（improvement)」に関わり，認証評価にはこの2つの役割が期待されたのである．

2. 認証評価の影響と効果

導入から16年が経過し，第3期に突入した認証評価は，これまで大学や社会にどのような影響をもたらしてきたのか．この問いに明確に答えるのは容易なことではないが，認証評価をめぐる議論を振り返り，まとめてみたい．

（1）認証評価の検証からみえるもの

認証評価の目的である，1）大学等が社会による評価を受ける，2）大学自ら改善を行う，がどこまで達成されてきたのか．まずは，評価機関が大学に行ってきた第2期機関別認証評価に関する検証結果を確認する．日本高等教育評価機構（2017）が評価対象大学に行った調査（n＝80）では，「認証評価が，大学の改革・改善を支援・促進する契機になった」と認識している大学が92.4％あることがわかった．大学改革支援・学位授与機構（2020）が対象大学に実施したアンケート結果（n＝123）によると，認証評価を受けたことにより，「質の保証」「改善の促進」につながったと認識している大学はそれぞれ8割以上であり，認証評価の目的である質の保証・改善が一定程度達成されていると解釈できる．さらに大学は，自己点検・評価が，教育研究活動等についての「実態の把握」「課題の把握」に有効であると認識している一方，認証評価は「改善の促進」「組織の運営改善に向けての教職員の意識変化」「個性的な取組の促進」に効果があり，第三者からの指摘がインセンティブとして機能していることが示されている．また，大学基準協会（2019）が大学に行った検証（n＝307）では，大学は認証評価を受けたことにより，「課題の明確化」「課題への改善取組」「教育研究の質保証」「教育研究の質向上」「ステークホルダーへの説明責任」「内部質保証システムの機能化」「内部質保証への教職員の理解」などについて効果を実感しており，さらに各項目において，認証評価の方が自己点検・評価よりも大きい効果を得られたと認識していることが明らかにされた．自己点検・評価だけではなし得ない認証評価の効果として，第三者評価を受けたことが学内の意識向上につながったことや大学の課題把握や改善促進に有効であったことが確認できる．

（2）学士課程修了者の能力に対する社会的評価の把握

社会からの評価という観点において，学士課程修了者が雇用者に評価された具体的能力の傾向が把握できる点は認証評価を実施したメリットの一つといえる．卒業生がどのような知識やスキルを身に付けたかが社会から問われている現在，経済産業界からは，「主体性」「実行力」「課題設定・解決能力」「誠実さ・責任感」など（ベネッセ教育総合研究所 2013；日本経済団体連合会 2018），官公庁からは，「人間力（内閣府）」，「就職基礎能力（厚生労働省）」，「社会人基礎力（経済産業省）」，「学士力（文部科学省）」と多様な能力枠組みが次々に提示され，社会が求める能力については情報が溢れている．一方で，雇用者が実際に評価した学士課程修了者の能力については，その実態が十分に発信されてこなかった．図 1 および図 2 は，大学改革支援・学位授与機構が行った第 2 期機関別認証評価の評価報告書（2012～2018 年度）の分析（観点 6–2–②：就職先等からの意見聴取に関する記述データ）に基づき，雇用主が高く評価した，あるいは弱いと感じる学士課程修了者の能力の傾向を示したものである．高く評価された能力には，「真面目，常識，マナー，誠実さ」などの基本的態度・資質が圧倒的に多い．次に「専門知識・技能」が続き，「協調性」「主体性」「課題発見力」「論理的思考力」「問題解決力」「実行力」などが高く評価された大学数は急減している（図 1）．また学士課程修了者に対して弱いと感じる能力として，「英語力」「国際感覚」が上位に挙がり，グローバル化への対応力が求められている（図 2）．このデータの対象の多くが国立大学（さらに評価報告書の該当箇所に記述のあった大学に限る）であ

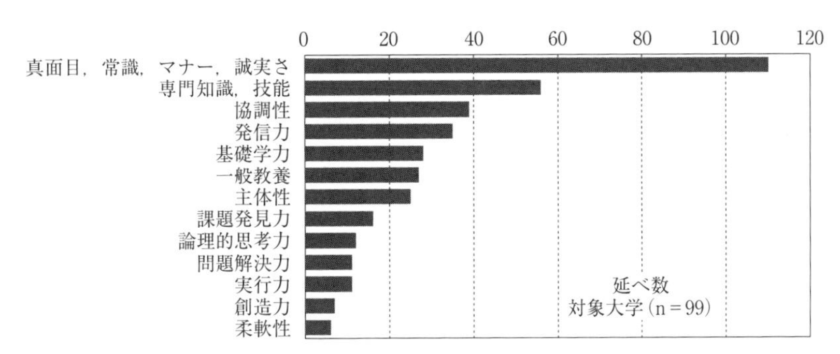

図１　認証評価からみた「学士課程修了者について雇用者が高く評価した能力」

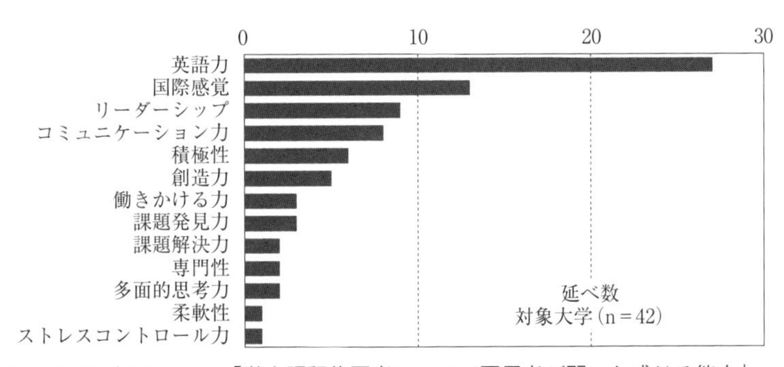

図２　認証評価からみた「学士課程修了者について雇用者が弱いと感じる能力」

るなど側面的なデータとなるが，社会から高く評価された能力や改善が期待される能力について複数大学の傾向として把握できることは，認証評価の一つの成果といえる．

3. 認証評価の反省と課題

（1）法令遵守志向と評価疲れ

認証評価の反省点として，評価のこれまでの関心が学校教育法や大学設置基準に適合しているかどうかという法令遵守の厳格なチェックにとどまり，大学自身が質をどのように向上させていくのかという点が十分に強調されていなかったことが指摘されている（中央教育審議会 2016a）．経済界からは，現在の認証評価制度では，ほとんどの大学が「適合」の評価を受けており，最低基準の質をクリアしたといった結果では，社会が大学を評価する判断材料としては不十分であり，依然，入学偏差値と評判に頼らざるを得ないといった批判的な声もある（経済同友会 2013）．また，「評価疲れ」の問題も長らく指摘されており，各種評価と複数の調査業務への対応に膨大な時間と手間がかかり，大学現場や評価機関の負担が大きいことも課題として示されてきた．

(2) 社会への説明責任の問題

認証評価の目的である大学教育の質の保証や改善は一定程度達成されていることが確認できる一方で，社会への説明責任を果たす目的は十分に達成されていないことへの懸念がある．認証評価の社会的認知度は十分ではなく，社会の理解と支持が弱い点は，評価機関自身も含め各所で繰り返し指摘されてきた（中央教育審議会 2016a；大学改革支援・学位授与機構 2020；大学基準協会 2019）．ここでいう社会とは，大学等への入学希望者，学生，保護者，高校関係者，雇用主，地域社会あるいは広く一般市民，場合によっては国際社会といってよいだろう．この点において，「情報公表」のあり方が課題の一つとなる．大学情報の公表を徹底し，適正な社会的評価を確立することの重要性については，『大学改革実行プラン（2012）』，『高大接続改革実行プラン（2015）』，『2040 年に向けた高等教育のグランドデザイン（2018）（以下，グランドデザイン答申）』など複数の政策文書で謳われており，IR 体制や大学ポートレートなどインフラの整備が進められてきた（中央教育審議会 2018；文部科学省 2012；2015）．認証評価機関も，評価結果の要約や大学の優れた取組などを英訳して海外に発信したり，これまで大学のみに通知していた評価後の改善報告書の検討結果を第 3 期では社会に公表する試み（大学基準協会 2019）や，ホームページや SNS など多様な情報通信手段を利用して大学が自らの情報を自主的に発信していくことなどを推奨している（大学改革支援・学位授与機構 2020）．

さらに，社会への説明責任は，情報発信の方法とは別に，何を公表するかという内容の問題も大きい．『グランドデザイン答申（2018）』では，質保証システムの見直しに関わる「学修成果[1]の可視化と情報公表の促進」において，単位や学位の取得状況，進学率や卒業率，学修時間，学生の満足度や学修意欲等が，把握や公表の義務づけが考えられる情報例として提案されている．また，アセスメントテストや学外試験の結果，受賞歴，卒業論文・卒業研究の水準，留学率等が，学修成果の把握や活用，公表のあり方に一定指針を示すことが考えられる例として挙げられている（中央教育審議会 2018：31–2）．他方で，近年の高等教育政策が掲げる「学修者本位」の教育を踏まえた質保証のあり方を鑑みると，学生が当該大学や教育課程を過ごした結果，どのような知識・スキル・能力を身に付けたのか，また社会が求めるどの力が向上し，強みは何であるのか等，社会で活用できる成果を具体的に発信しなければ，依然，社会のステークホルダーには情報として届かないであろう．さらにその際，社会的目線が評価の枠組みに組み込まれていることが重要であり，大学や教育プログラムが育成を目指す能力については，教育提供側だけでなく，雇用主を含む多様なステークホルダーとの共通理解に基づく参照基準や枠組みを構築していくことが今後の可能性として考えられる．

4. 内部質保証の重点評価項目化とその背景

内部質保証は，2016 年，学校教育法の細目省令の改正に伴い，三つの方針と並んで認証評価基準に定めることが規定され，さらに重点評価項目として位置づけられた．中央教育審議会（2016a：3）は，内部質保証を「定期的な自己点検・評価の取組を踏まえた各大学における自主的・自律的な質保証の取組」と説明している．日本で「内部質保証」という言葉が初めて登場したのは，学士力が提示された 2008 年の『学士課程教育の構築に向けて（以下，学士課程答申）』である．ここで大学が「卒業認定・学位授与の方針（ディプロマ・ポリシー）」「教育課程編成・実施の方針（カリキュラム・ポリシー）」「入学者受入れの方針（アドミッション・ポリシー）」と三つの方針を定め，自己点検・評価を踏まえた内部質保証体制を構築し，認証評価がその取組状況を確認していくことが提言されている（中央教育審議会 2008）．その後，2015 年の学校教育法施行規則の改訂によって，日本の全ての大学がこの三つの方針を設定・公表することが義務づけられた．内部質保証は第 2 期の認証評価から既に評価基準には盛り込まれていたが，第 3 期では上記の法整備とともに，その実質化が改めて強化されている．その背景として，以下の 2 点が考えられる．

(1) 法令適合性を軸とした外形的評価の限界

これまでの認証評価の反省にみられる通り，法令遵守だけでなく大学自身の改善状況を把握する必要性の高まりを受け，教育環境等（教員組織，教育課程，施設設備等）の外形を中心とした評価から，評価結果を教育研究活動の改善に生かす仕組み（内部質保証）を確立していく重要性が強調されている（中央教育審議会 2012；2016a）．認証評価導入当初は真新しかった法令適合性を確認する評価も，評価の回数を重ねるごとに満たしていることが当然視され，毎回行うことは効率的でなく，作業が形骸化していく懸念も示されている（林 2020）．これは，評価文化がある程度大学に定着してきたことも意味するが，認証評価の導入時に目的とされた「社会への説明責任」の当初の意図が，法令遵守を中心としたミニマム・スタンダードの達成を確認することにあったものが，現在はその意味が大きく変化してきたと考えられる．つまり，大学生活を通して学生が具体的に何を身に付け，社会に出た後にそれがどう活用され得るのか，大学はどう貢献し，改善に努めているのか，といった観点から成果や改善状況を社会に示すことで，はじめて「説明責任」を果たしたとみなされる状況にある．

（2）質保証の国際スタンダード化

さらに質保証の昨今の国際的潮流として，外部質保証から内部質保証への動きがみてとれる．内部質保証の概念は 1990 年代から欧州で議論され，ボローニャ・プロセスのベルリン・コミュニケ（2003）にて，質保証の第一義的な責任は高等教育機関自身にあり，機関の自律性（autonomy）を原則とすると定義づけられた（Ministerial Conferences 2003）．同じ頃，ASEAN 大学連合も同様の定義を発信している（AUN-QA 2006）．外部質保証と内部質保証の違いとして，Costes et al（2010）は，外部質保証が社会に対する「説明責任（accountability）」を果たす一方で，内部質保証は教育や学習の「質の改善（improvement）」に焦点を当てるものとしている．また極論として，Geven & Maricut（2015）は，内部質保証は大学内部の人間が行うもので，外部質保証は政府をはじめ大学「外」のアクターが大学に対して実施するものと説明した．2000 年代初期以降，世界的傾向として，質保証機関の多くが高等教育機関の内部質保証構築を支援することを主要な役割としてきたといわれる（Curaj & Scott 2012）．それを裏付けるものとして，内部質保証のマイルストーンとされる『欧州高等教育圏における質保証の基準とガイドライン（ESG2005）』では，内部質保証の共通指標や枠組みが提案され，内部質保証を外部から保証する形で説明責任を果たそうとする動きが確認できる．

さらに，ESG（2005）で学習成果の明確化と公表の必要性が提言されて以来，学習成果の注目度は高まりをみせ，2009 年のルーベン・コミュニケにて，

「何を教えるか（teacher-centered）」から，学生は「何を学んだか（student-centered）」へと教授学習観の転換が求められた．この「学修者本位（student-centered）」の考え方は，日本の『グランドデザイン答申（2018）』や『教学マネジメント指針（2020）』でも改めて強調されており，学修者主体の観点から評価を展開していくことが質保証の国際スタンダードとなっている．

5. 内部質保証をめぐる課題と展望

これから日本が進めるべき内部質保証には，全学的な教学マネジメントのもとでプログラム単位の自主的・自律的な質保証を行っていくことが求められている．日本の認証評価は導入当初から全学評価として設計され，多くは学部･研究科を単位とした自己評価書を機関の成果として取りまとめており，各プログラムのカリキュラムや学習成果など，詳細な内容までは十分に見えていなかった．海外の質保証制度では，機関別評価とプログラム評価の両方を持ち合わせている国も多く，その上で，例えばドイツのように，プログラム評価の蓄積を踏まえ，大学を組織単位として新たに導入したシステム（機関）評価において内部質保証を審査したり（竹中 2020），台湾のようにプログラム評価を任意化し，機関別評価のみを義務化した国もある（Noda et al 2018b）．機関別評価からプログラム評価という逆のアプローチを辿った先行事例が少ない中，今後，日本の内部質保証がプログラムの質保証を進めていく上で考え得る課題を整理したい．

(1) 求められる「学位プログラム化」と現行教員組織体制の壁

内部質保証は，分野毎（プログラム等を単位）に進めることが提案されているが，近年の高等教育政策議論に登場する「教育プログラム」や「学位プログラム」という言葉が何を示すのかがわかりにくい．教育プログラムの定義について，大学改革支援・学位授与機構（2016a：38）は，「教育目的を達成するために体系的に編成された授業科目群（カリキュラム），ならびに，その実施のための教育方法，学修成果の評価方法，教職員配置，教育環境など，計画的に設計された教育プロセス・環境の総称」と説明している．

教育プログラムの編成方法は大学により多様であるが，その中でも学位（短期大学士・学士・修士・博士・専門職学位など）授与につながる課程が「学位プログラム」である．他に，学位を伴わない履修証明プログラムや，学科・専攻などの単一組織で構成されるもの，複数学部・学科などによって共同で構成されるプログラムも教育プログラムとして考えられる（大学改革支援・学位授与機構 2016a）．また，大学設置基準の大綱化（1991）以降の教養部などの改組・解体により，各大学での位置づけが急速に多様化した共通教育課程については，質保証の対象としてどう扱うかという課題がある．共通教育を全学的な活動として捉えるか，三つの方針をもつ独立した教育プログラムとするか，学位プログラムの一部とみなすか，などその扱い方が難しい状況にある．

中央教育審議会の『教学マネジメント指針』や『グランドデザイン答申』が強調するように，「学修者本位」の教育を実現するには，個々の教員が教えたいことを教える「供給者目線」の既存のシステムから，学部・学科などの教員組織を超えて，学生が身に付けるべきアウトカムを基軸に授業科目群（体系的カリキュラム）を構築する「学位プログラム」の考え方が重要となる（中央教育審議会 2018；2020）．内部質保証に関わる三つの方針の策定も，各大学の実情に応じて全学や学部・学科等を単位として定めることも可能だが，基本的にこの学位プログラムに基づくことが推奨されている（中央教育審議会 2016b）．しかし，現在の日本の高等教育では，学部・学科が自律性の強い教員組織としてプログラム化されており，策定・公表が義務づけられた卒業認定・学位授与方針（DP）は，学部や学科の裁量で独自に策定されているケースが多い．現行の法的枠組みにおいては，学部・学科が専任教員の定員管理を含め教育研究の基本組織となっており，これらを教育プログラムの基盤として自己点検を進めることが一般的である．現状のままでは，教員が学部・学科，研究科などの既存の教員組織を越えて学位プログラムを形成することは体制的に難しく，大学設置基準等の抜本的見直しが今後の課題となる（小林 2019）．

（2）プログラムの水準をどう担保するか：外部参照基準

さらに，プログラムがその水準を担保していることを社会にどう示すかという問題がある．日本では国際通用性の観点から，これまで工学・医学・歯学・薬学・獣医学・看護学・助産学の分野で第三者による分野別評価が実施されてきた．また，分野別質保証の必要性が 2008 年の『学士課程答申』で提言されて以降，日本学術会議が各学問分野（学士課程）の学修における知識の習得や能力の育成について指針を示した「分野別の教育課程編成上の参照基準」を構築し，現在検討中の教育学が策定されれば 33 分野となる．学位等の国際通用性を示していくためには，客観的に照らし合わせられる能力の基準や枠組みがあることが望ましいが，自己点検・評価や認証評価において特に学生の学習成果の確認などに，この参照基準が十分に活用されてきたとは言えない状況である（大学改革支援・学位授与機構 2016b）．この点について，大学改革支援・学位授与機構の第３期認証評価では，教育課程の水準の担保に関わる根拠資料として，参照基準や分野別第三者評価などの結果の活用が推奨されている．さらに，教育課程と学習成果に関する評価基準（領域６）では，当該教育課程が信頼できる第三者による検証，助言を受け，内部質保証に対する社会的信頼が一層向上している場合は，当該第三者の検証，助言等の報告書をもって領域６の各基準の自己評価に代替できるとし（大学改革支援・学位授与機構 2019），外部の参照枠組みによる教育課程の水準の担保を奨励する動きをみせている．

国際的潮流においても，学位プログラムの成果，すなわち学位の社会的価値説明として，学位保有者が身に付けるべき能力を，学生や保護者，雇用主など社会に明示していくことが強く求められている．その取組の一環として，各学位・資格に求める能力を示した資格枠組み（Qualifications framework：以下，QF）を導入・検討する国が急増していることに加え，欧州のチューニングなど各学問分野に求める能力を示した参照枠組みを構築する動きもあり，イギリスの参照基準（Subject Benchmark Statements）やフランスの資格枠組み（RNCP: Répertoire National des Certifications Professionnelles）は，分野毎に教育プログラムの自己点検・評価を行う際に参照され，アクレディテーションやプログラムの編成に活用されるなどの取組もみられる．さらに重要なのは，高等教育機関の質保証を社会に説明するにあたり，各学位・分野に期待する能力を示した参照基準や枠組みの策定に，学術関係者だけでなく，雇用主など社会の多様なステークホルダーが関わっているという点である．

(3)「ヨコの学位」の肥大化と「タテの学位」の質保証の未整備

学位プログラムの質保証を進めていく上で，学士課程を中心にみられる分野別の「ヨコの学位」の多様化，つまり学位名称の増大化が引き起こす混乱と，大学院教育課程などの学士課程以外の「タテの学位（課程別）」の質保証の未整備の課題も指摘したい．学士課程の「ヨコの学位（分野別）」については，1991年の大学設置基準の大綱化前は29種類だった学位名称が，現在は，文理融合や学際分野の創設などの影響で700種類を超えている．天野(2013)は，大綱化以後約30年の間に起こったのは，学士課程における新名称学部の出現だけでなく，4年制大学への昇格・転換を含む短期高等教育機関の大学化など高等教育の構造上の大きな変化であり，大学院教育の機能分化の遅れに対し，学士課程教育が肥大化している実態を指摘している．このような状況の中，学位プログラムの質保証を学位授与の付記名称に依拠するのであれば，700種類を超える学位それぞれに評価を行うのは現実的ではない．学問分野の発展や多様性を尊重する一方で，学位名称からはその中身が国内外にわかりにくいといった国際通用性とのバランスをどう考えるべきか．これに関連してフランスでは，日本同様に学士課程の学位名称のインフレーションが問題となり，高等教育研究省は，省令改正（2014）において，300を超えていた学士課程の学問分野数を45分野にまで整理し，それぞれの分野に求める学習成果を示した参照基準を策定したのである（野田2017）．複雑化・拡大化する学位・資格を抜本的に整理することで，学位名称が何を意味し，当該学位保有者がどのような能力を身に付けたかを国内外に説明できるようにすることを第一の目的とした改革である．

さらに日本では，学士課程の質保証に強く関心が寄せられているのに対し，修士課程や博士課程など，学士課程以外の各課程に求められる教育内容や水準，学習成果はいかなるものなのか，「学士」「修士」「博士」は何が異なるのかなど，「タテの学位」を意識した質保証については十分に議論されてきたとは言い難い．大学院教育の質保証について，高等教育政策の観点からは，大学院修了者のキャリアパスの確保，進路や活躍状況を課程・分野別に把握することが提言されており（中央教育審議会2015），課程修了者への具体的な能力育成とその可視化を求める学士課程の質保証とは若干関心が異なるようにみえる．さらに，日本における分野別評価の先駆けとなる専門職大学院の方は，分野によってはまだ数校に限られていても分野別評価が義務づけられており，対して一般の大学院はこの制度の対象外となっている指摘（天野2013）も無視できない．

また近年，中等後教育の学位（称号）の構造や名称が多様化し，2019年春に誕生した専門職大学や専門職短期大学をはじめ，既存の専門職大学院や高等専門学校，専修学校専門課程などの職業教育から生まれる学位や称号（修士（専門職），学士（専門職），短期大学士（専門職），準学士，高度専門士，専門士など）の各内容や相互関係性などが社会において十分に共有されていない．海外のみならず国内においても，各学位・資格の内容や，資格間の相対的な違いや関係性が第三者にわかりにくいといった，いわゆる学位・資格の価値説明や質保証に関わる問題が指摘できる（野田 2019a）．2019 年 9 月には，ユネスコ地域規約である東京規約の発効に伴い，日本に公式の国内情報センター（高等教育資格承認情報センター）が大学改革支援・学位授与機構内に立ち上がり，日本の教育制度や学位等の資格に関する最新情報を国内外に発信していくことが求められている（野田 2019b）．このような状況で，この「タテの学位」の整理は不可避であり，既述の資格枠組み（QF）にも関わる課題といえる．

（4）内部質保証と学習成果評価の関係性：学内マネジメントの課題

また，内部質保証では学習成果の把握が重要要素であることは，国内外において共通に理解されてきた一方で，この「内部質保証」と「学習成果評価」という二つの要素を大学がどう位置づけているかという点については，十分に整理されてこなかった．これは内部質保証を進める上での概念的理解だけでなく，学内マネジメントの課題把握にもつながる点で見落としてならないものと考える．図 3 は，内部質保証と学習成果評価の 2 つの概念に関する大学の認識を探索的に理解するため，ケーススタディとして国立大学 10 校の質保証に関わる教職員を対象としたインタビュー調査に基づき，試行的類型を示したものである（Noda et al 2018a；野田他 2019）．

①「一体型」：一つ目は，内部質保証と学習成果評価は一体的に実施されるという認識であり，抽象的かつ理念的である．日本の答申や欧州のベルリン・コミュニケや ESG など，内部質保証に関する国内外の複数の文献において，両者が統合的概念として扱われていることにも起因すると推察できる．

②「目的（内部質保証）と手段（学習成果評価）」：二つ目は，内部質保証を構築することや機能させること自体が第一義的な「目的」であり，それを実現させる，あるいは支援する「手段」として学習成果評価を行うという考え方である．この場合，内部質保証に係る委員会やワーキンググループ設立など内部質保証体制を構築することや，PDCA サイクルや改善の体制を示すことそのものが自己目的化する，あるいは場合によっては認証評価等の外部質保証に対応するための作業となる可能性が生じることも指摘で

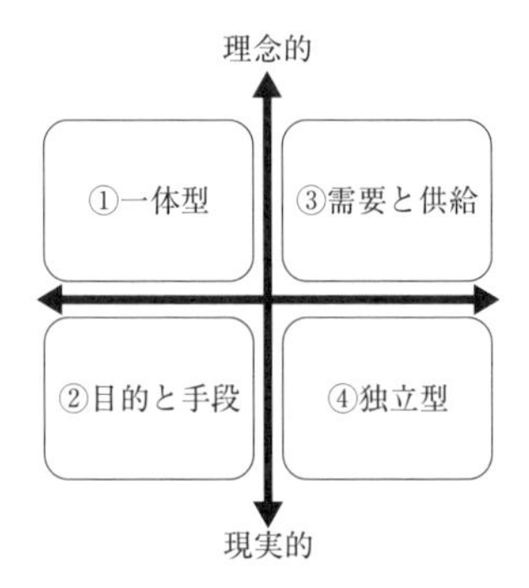

図３「内部質保証」と「学習成果評価」の関係性に対する大学の認識（試行的類型）

きる.

③「需要（求める学習成果）と供給（学習成果評価）」：三つ目は，卒業認定・学位授与方針（DP）などで求められる学習成果を大学が満たすべき「需要」と捉え，その「供給」として学習成果の評価が開発・実施されるという認識である．この「需要と供給」に基づいて，結果的に内部質保証が機能するという捉え方となる．組織の学習成果達成という需要が先にあり，それに応じるための供給として評価がなされ，結果的に内部質保証が機能するというこの考え方は，内部質保証を進める本質的な目的について改めて議論を喚起させるものである.

④「独立型」：最後のパターンは，学習成果評価と内部質保証が機能的に分断された状況を意味する．これは，全学アンケート調査などの学習成果評価の結果を認証評価などに対応する「データ」として取り扱う評価室やIR部署と，そのデータを教学改善に結びつけたいFD/大学教育支援センターあるいは各部局などの学内各組織が連携していない様子を示唆しており，組織内コミュニケーションの問題が浮かび上がってくる．両者を独立的にみるこのパターンは，学内各部署の縦割り問題や相互の情報共有不足など，組織マネジメントの課題を提示している.

図３は，限られたケースによる試行的類型だが，内部質保証と学習成果評価の二要素に関する概念的位置づけや，学内マネジメントに係る認識に多様な捉え方があることは明らかであり，内部質保証を構築する本来の目的は何かを改めて考えさせるものである．特に，近年の認証評価に係る議論は，内

部質保証をどう構築し，機能させるかということに関心が偏りがちであるが，内部質保証は，構築すること自体が目的なのではなく，また外部質保証への対応のために行うのでもなく，学生に求める知識や能力の育成や向上を図るなど，組織が目指す学習成果の達成や教育研究活動の質改善といった本来の目的を果たすための支援システムであることを忘れてはならない．

おわりに

本稿では，2004年に導入された認証評価について，その影響や効果，課題や展望について考察を行った．現在，日本の高等教育は予測困難なグローバル社会に立ち向かえるよう，学修者主体の教育や学位等の国際通用性の確保を目指し，外部質保証から内部質保証へ，機関別評価からプログラム評価へと質保証のアプローチは方向転換を迫られている．このような状況の中，日本の認証評価は，依然，「社会との関係性」や「説明責任」の課題を抱えており，この問題に向き合うためにも，現在，実質化が求められている「内部質保証」がキー概念となり得る．今後の議論の可能性として以下にまとめたい．

（1）内部質保証の捉え方：大学の「自律性」と「説明責任」との緊張関係

質保証の第一義的責任は大学自身にあるという定義に倣い，本来，内部質保証は大学の「自律性（autonomy）」に基づくことが前提となっている．一方，国内外における実際の質保証アプローチは，内部質保証が機能しているかどうかを外部質保証で確認する構図が多く，「自律性」と「説明責任」が事実上の緊張関係にある．国際的な議論では，アクレディテーションは社会への説明責任と大学の自律性の両方を担保しなければならないが（Bernhard 2012），説明責任を重視し過ぎたアクレディテーションは，結局は大学の自律性を損ね兼ねないといった懸念が指摘されており（Gaston 2014），両者のバランスが求められている．日本の文脈では，学部・学科などの従来の自律性を尊重しつつ，学位の国際通用性の観点から，第三者評価の積極的活用や各分野に求める学習成果を軸とした学位プログラムの展開が推奨されるなど，大学の教授学習観，ひいては内部質保証のあり方に，新たな対応が期待されている．

これまで，「説明責任（accountability）」は，もう一つの質保証の役割である「改善（improvement）」と二項対立的な位置づけにあり，後者が学生の学習成果を高める文脈で語られていたのに対し，前者は，法令適合性を社会に示す概念として言及されてきた（Banta & Palomba 2015; Harvey & Williams 2010）．しかしながら，内部質保証が強調される現在は，「改善」と「説明責任」は相反する概念なのではなく，組織が「改善（improvement）したことを社会に説明（accountability）すること」がより重要視され，両概念は接続的に捉えられている．ただし，前述の通り，改善したことを社会に示すために内部質保証システムを構築すること自体が自己目的化したり，外部質保証に対応するための作業となるなど，本来の意義が薄れることのないよう，内部質保証を進めるそもそもの目的を常に振り返る必要がある．

(2) 学位等の国際通用性：「タテの学位（課程別）」「ヨコの学位（分野別）」

そして，日本の認証評価の課題である「社会への説明責任」への要求に応えるため，情報公表の方法・内容を検討する他，社会的目線が何らかの形で質保証の枠組みに関わっていることが重要になってきている．高等教育機関の質保証を社会に説明するには，既述の通り，各プログラムの分野別質保証が信頼できる第三者によって行われることや，学生の学習成果に関わる参照基準や枠組みが，学術関係者だけでなく，多様なステークホルダーとの協力に基づいて策定されるなど，質保証が高等教育界の文脈のみで完結するのではなく，社会との接点をいかにもつかが今後の論点になるであろう．特に「学生が何を身に付け，何ができるようになったか」といった学修者主体の観点から評価を行い，どのような評価に基づいて大学が学位を授与したかを大学自身が説明できることが重要であり，内部質保証がこれを担うことが期待されている．海外の動きをみると，欧州を筆頭に各地域ではチューニングプロジェクトや分野別参照基準，資格枠組み等が構築・活用されており，日本の学位等の国際通用性や信頼性を高めるためにも，これまで曖昧にされてきた「タテの学位（課程別）」と「ヨコの学位（分野別）」の各々に求める能力について，多様なステークホルダー間で改めて整理し，その質保証が社会との関わりの中で進められていくことが重要と思われる．認証評価が，大学や教育プログラムの成果が社会が求めるものにどう応え，貢献し得るのかという点に注視し，高等教育と社会とを結びつけるプラットフォームとして機能していくために，内部質保証がその支援システムとして実質化していくことがますます期待されるであろう．

◇注

1）中央教育審議会答申などの政策文書を引用する際は，学修成果と「修」の字を使用する．

◇参考文献

天野郁夫，2013，『大学改革を問い直す』慶應義塾大学出版会

ASEAN University Network Quality Assurance (AUN-QA), 2006, Manual for the implementation of the guidelines.
(http://www.aunsec.org/pdf/5.2.1.2.2AUN-QAManualfortheImplementationoftheguidelines.pdf, 2020.1.22)

Banta, Trudy.W. and Palomba, Catherine. A., 2015, Assessment Essentials: Planning, Implementing, and Improving Assessment in Higher Education, Jossey-Bass, San Francisco: CA.

ベネッセ教育総合研究所，2013，『「企業人の大学卒採用・育成に関する意識調査」データ集』

Bernhard, Andrea., 2012, Quality Assurance in an International Higher Education Area: A Case Study Approach and Comparative Analysis, Springer.

中央教育審議会，2008，『学士課程教育の構築に向けて（答申）』

中央教育審議会，2009，『認証評価制度導入に当たっての論点等』

中央教育審議会，2012，『新たな未来を築くための大学教育の質的転換に向けて（答申）』

中央教育審議会，2015，『未来を牽引する大学院教育改革―社会と協働した「知のプロフェッショナル」の育成―（審議まとめ）』

中央教育審議会，2016a，『認証評価制度の充実に向けて（審議まとめ）』

中央教育審議会，2016b，『「卒業認定・学位授与の方針」（ディプロマ・ポリシー），「教育課程編成・実施の方針」（カリキュラム・ポリシー）及び「入学者受入れの方針」（アドミッション・ポリシー）の策定及び運用に関するガイドライン』

中央教育審議会，2018，『2040年に向けた高等教育のグランドデザイン（答申）』

中央教育審議会，2020，『教学マネジメント指針』

Costes, Nathalie., Hopbach, Achim., Kekäläinen, Helka., Van Ijperen, Robin., and Walsh, Padraig., 2010, Quality Assurance and Transparency Tools, Helsinki: European Association for Quality Assurance in Higher Education.

Curaj, Adrian.and Scott, Peter., 2012, European Higher Education at the Crossroads: Between the Bologna Process and National Reforms, Dordrecht:

Springer.
大学改革支援・学位授与機構，2016a，『高等教育に関する質保証関係用語集』
大学改革支援・学位授与機構，2016b，『我が国における大学教育の分野別質保証の在り方に関する調査研究報告書』
大学改革支援・学位授与機構，2019，『大学機関別認証評価自己評価実施要項』
大学改革支援・学位授与機構，2020，『大学機関別認証評価2巡目に関する検証結果報告書』
大学基準協会，2019，『「大学評価（認証評価）の有効性に関する調査」報告書 第2期（2011〜2017年度）』
Gaston, Paul. L., 2014, Higher Education Accreditation: How it's Changing, Why it Must, Stylus Publishing, VA: Sterling.
Geven, Koen. and Maricut, Adina., 2015, "A Merry-Go-Around of Evaluations Moving from Administrative Burden to Reflection on Education and Research in Romania," in Curaj, A., Matei, L., Pricopie, R., Salmi, J. and Scott, P. eds., The European Higher Education Area: Between Critical Reflections and Future Policies, Springer.
Harvey, Lee. and Williams, James., 2010, "Fifteen Years of Quality in Higher Education," Quality in Higher Education, 16(1): 3–36.
林隆之，2020，「第一部第3章　内部質保証の方向性」大学改革支援・学位授与機構編『内部質保証と外部質保証—社会に開かれた大学教育を目指して—』ぎょうせい，19–29.
経済同友会，2013，『大学評価制度の新段階—有為な人材の育成のために好循環サイクルの構築を—』
小林雅之，2019，「教育情報の公表と説明責任の進化」『大学発信情報のコンテンツと戦略的公開 II』地域科学研究会・高等教育情報センター，1–13.
Ministerial Conferences, 2003, "Realising the European Higher Education Area" Communiqué of the Conference of Ministers responsible for Higher Education. (http://www.ehea.info/media.ehea.info/file/2003_Berlin/28/4/2003_Berlin_Communique_English_577284.pdf, 2020.1.23)
文部科学省，2012，『大学改革実行プラン』
文部科学省，2015，『高大接続改革実行プラン』
日本経済団体連合会，2018，『高等教育に関するアンケート結果』（http://www.keidanren.or.jp/policy/2018/029.html, 2020. 1.21.）
日本高等教育評価機構，2017，『内部質保証を重視した評価への転換—2018年度からの評価のポイント—』（https://www.jihee.or.jp/publication/news/201706.html, 2020.1.24）
野田文香，2017，「フランスの高等教育における分野別コンピテンス育成をめぐる国家資格枠組み（NQF）の役割と機能」『大学教育学会誌』39(2)：76–84.
野田文香，2019a，「第三部第 2 章“Qualifications”とインテグリティ―国家資格枠組に期待される役割―」大学改革支援・学位授与機構編『高等教育機関の矜持と質保証―多様性の中での倫理と学術的誠実性』ぎょうせい，153–168.
野田文香，2019b，「日本における国内情報センター（NIC）の設立―学位・資格の承認に関わる今後の展望―」『留学交流』vol 105：29–41.
Noda, A. et al., 2018a, “Assessment of Learning Outcomes and Internal Quality Assurance Building in Higher Education in Japan and Taiwan: The Role of External Quality Assurance Agencies and Universities,” INQAAHE Funding Scheme Research and Innovation 2018 Final Report.
Noda, Ayaka., Hou, Angela Ying Chi., Shibui, Susumu., and Chou, Hua-Chi., 2018b, “Restructuring Quality Assurance Frameworks: A Comparative Study between NIAD-QE in Japan and HEEACT in Taiwan,” Higher Education Evaluation and Development. 12(1): 2–18.
野田文香・金性希・齋藤崇徳・渋井進，2019，「大学における内部質保証と学習成果―機関別認証評価の視点から―」『大学教育学会第 41 回発表要旨集録』152–153.
奥野武俊，2020，「大学教育質保証・評価センター設立の背景と今後の展望」『カレッジマネジメント』220/Jen.–Feb.2020，リクルート，46–47.
竹中亨，2020，「第三部第 2 章　ドイツ大学教育の質保証―プログラム認証からシステム認証へ―」大学改革支援・学位授与機構編『内部質保証と外部質保証―社会に開かれた大学教育を目指して―』ぎょうせい，121–144.

ABSTRACT

Challenges and Possibilities of Certified Evaluation and Accreditation

NODA, Ayaka

National Institution for Academic Degrees and Quality Enhancement of Higher Education

The Japanese Certified Evaluation and Accreditation (CEA) system, effective since 2004, has been criticized for focusing too closely on compliance and meeting minimum standards and heavy workload problems, rather than on enhancing the quality of education and student learning outcomes. Furthermore, the CEA system is still little understood by in the labor market, by high schools, and among prospective students and their parents, as well as elsewhere in society.

The discussion now emphasizes the enhancement of connectivity with society and improving the efficiency of quality assurance (QA) mechanisms in internal QA systems as well as information disclosure to enhance accountability to society. MEXT requires universities to build internal QA systems around three policies, to be implemented at the degree and program level defined by each university; however, in principle, they are focused on the level of the program that confers the degree. To promote student-centered learning, international compatibility, and the credibility of degrees, the Japanese higher education community should develop a reference standard and qualifications framework to provide expected learning outcomes for students for each qualification in each academic field.

After the transition from external QA to internal QA, from institutional QA to program QA, and from teacher-centered to learner-centered learning, QA system of Japanese higher education has tackled challenges of accountability and social connectivity. To promote common awareness of the CEA goals in the wider society, the higher education community should both distribute user-friendly information about distinctive university initiatives and good practice more widely and develop and apply a shared learning outcome framework among multiple stakeholders for students to acquire at the end of the program.

大学評価と資源配分の関係
―国立大学法人と私立大学への新しい資源配分の仕組み―

山田　礼子

本稿では，「大学評価と資源配分の関係性」を主題とし，国立大学法人評価委員会による国立大学法人を対象とした法人評価の仕組みと近年新たな枠組みによる評価の仕組みが取り入れられたことによる資源配分との関係性，そして私学の資源配分にも競争的観点が取り入れられたその影響を検討する．その際，米国における州を中心とした評価と資源配分の関係性を検討することにより，日本との差異を明らかにし，日本における評価による資源配分が内包する問題を検討する．日本が文部科学省による中央統制システムの中で，全国の国立大学法人を対象として，かつ私立大学の助成も共通指標で評価しているのに対し，米国の評価と資源配分は州内のみの公立機関を対象に実施し，私立大学は評価と資源配分の対象にはならないという特徴がある．

1．はじめに

大学評価を如何に経常的な補助金を代表とする資源配分に反映させるかは，国立大学法人が誕生して以来私立大学も含め，議論の対象であった．大学評価は，包括的な用語であり，認証評価機関による評価から，国立大学法人委員会による大学評価，専門職業団体による大学の分野別，あるいは専門職プログラムの評価がその中に含まれ，雑誌，新聞，企業等の民間や大学，政府，第三者機関等が行い発表する大学ランキングも大学評価の一形態とみなされる．

同志社大学

本稿では，国立大学を中心に私立大学も含めた「大学評価と資源配分の関係性」を主題とし，米国を参照しつつ論じる．具体的には，国立大学法人評価委員会による国立大学法人を対象とした法人評価の仕組みと近年新たな枠組みによる評価の仕組みが導入されたことによる資源配分との関係性，そして私学の資源配分にも競争的観点が取り入れられたその影響を検討する．その際，米国における州を中心とした評価と資源配分の関係性を検討することにより，日本との差異を明らかにし，日本における評価による資源配分が内包する問題を考察する．

2. 大学改革と高等教育の資源配分

高等教育財政に関する研究蓄積は多い．金子（2010：22–26）は，高等教育財政のパラダイム変換について，経済成長率の低下，財政緊縮，大卒労働市場の悪化という先進諸国に共通の背景が存在することを所与として，如何に高等教育に資源を確保し，限られた資源をどのように配分するかが1980年代後半以降の共通の課題であるとした．高等教育政策は，①受益者負担による市場メカニズムの導入，②公立高等教育機関の財政的自立化と達成度による資金配分による疑似市場化，その基礎となる大学の達成度評価によって応えようとしてきたと論じている．特に，米国の高等教育における達成度評価による疑似市場化の課題は日本の高等教育の資源配分の在り方への示唆となるという見方を示した．合田（2018：9–16）は，日本の高等教育財政の貧困の状態をマクロな視点から提示している．氏の論考からは，日本の財政問題が構造的な問題から発生しており，この構造的な要因から高等教育資源配分の楽観的な見通しがしにくい状況が把握できる．丸山（2009：20–21）は，高等教育の資源配分に関して，運営費交付金を巡る議論を提示し，当該議論が文科省だけではなく，内閣府，内閣官房に置かれている審議会，財務省の財政制度審議会でも取り上げられていることに着目した．この指摘は，合田の高等教育財政は日本全体の財政の構造的な問題と密接に関連しているという主張とも重なる．藤村（2018：1–5）は，国立大学補助金の中でも特に経常費補助金の恒常的な削減をデータから示し，研究費の格差が国立大学間に生じていることを主張した．国立大学の運営費交付金の配分モデルの理論的検討を行っているYamamoto（2010：44–60）の研究もある．

しかし，一連の研究の背景として，金子（2018）が指摘した市場化の動向

表１　大学改革の動向と関連する法改正

<table>
<tr><th></th><th>国立大学・公立大学改革関連法</th><th>私立大学改革関連法</th></tr>
<tr><td>H14～15年</td><td colspan="2">学校教育法の改正　・認証評価制度の導入等　省令改正
大学設置基準等の改正　・設置基準の準則化等</td></tr>
<tr><td>H16年</td><td>国立大学法人法の設立・大学の裁量の拡大等
公立大学法人制度も創設</td><td>私立学校法の改正・学校法人における管理運営制度の改善，・財務情報の公開等</td></tr>
<tr><td>H17年</td><td colspan="2">学校教育法の改正・大学の教員組織の整備等</td></tr>
<tr><td>H18年</td><td colspan="2">教育基本法の改正・大学に関する条文の新設</td></tr>
<tr><td>H19年</td><td colspan="2">学校教育法等の改正・教育研究に関する情報公表の義務化，・履修証明制度の創設等
省令改正　大学設置基準の改正　・教育研究目的の明示の義務化，・シラバス・成績評価基準の明示の義務化，・FD の義務化等</td></tr>
<tr><td>H20～24年</td><td colspan="2">省令改正　学校教育法施行規則改正　・大学が公表すべき教育情報の具体化・明確化</td></tr>
<tr><td>H25年</td><td>国立大学改革プラン　・中期目標・中期計画に基づき，組織再編・資源配分を最適化
産業競争力強化法の創設・国立大学法人法の改正</td><td></td></tr>
<tr><td>H26年</td><td></td><td>私立学校法の改正・所轄庁による必要な措置命令等の規定整備等</td></tr>
<tr><td>H26年</td><td colspan="2">学校教育法および国立大学法人法の改正・副学長・教授会等の職や組織の見直し，国立大学法人の学長選考の透明化等
省令改正　大学設置基準等の改正　ジョイント・ディグリー制度の創設</td></tr>
<tr><td>H27年</td><td colspan="2">学校教育法等の改正　・高等学校専攻科修了者の大学への編入学制度の創設</td></tr>
<tr><td></td><td>省令改正　国立大学経営力戦略・3つの重点支援の枠組み新設，学長裁量経費等マネジメント改革</td><td></td></tr>
<tr><td>H28年</td><td colspan="2">省令改正　学校教育法施行規則の改正・3つの方針の策定・公表義務化　省令改正
大学設置基準の改正・SD の義務化</td></tr>
<tr><td></td><td>国立大学法人法の改正　・指定国立大学法人制度の創設・国立大学法人等の資産の有効活用を図るための措置</td><td></td></tr>
<tr><td>H30年以降</td><td colspan="2">科学技術・イノベーション創出の活性化に関する法律　・法人発ベンチャー支援策の拡充，・国立大学法人の改革に関する検討</td></tr>
</table>

出典：文部科学省「イノベーション創出に向けた大学改革のこれまでの成果と今後の取り組みについて」（2019）を基に筆者作成

とそれに伴った法律改正に従って進展してきた大学改革動向を踏まえることが不可欠である．表1は，近年の大学改革の動向と関連する法改正を示している．表には書き入れていないが中央教育審議会の答申等から始まり，法改正が行われ，大学改革へとつながるというシステムであることが理解できる．

3. 国立大学における評価と資源配分

3-1. 国立大学法人評価に係る関係機関の関係

国立大学法人の評価は，2004 年の国立大学の法人化を契機に，国立大学法人法第 31 条の 2 及び 31 条の 3 の規定に基づき，各事業年度及び中期目標期間における業務の実績について，国立大学法人を評価する為に設置された国立大学法人評価委員会が担っている．国立大学法人評価委員会は，独立行政法人大学改革支援・学位授与機構に対して，独立行政法人大学改革支援・学位授与機構法 16 条 2 に基づき 4 年目終了時及び中期目標期間終了時に教育研究面を専門的に評価することを要請し，機構はピア・レビュー機関として教育研究評価の結果を法人評価委員会に通知する．法人評価委員会は 4 年目終了時に評価を総務省の独立行政法人評価制度委員会に通知し，中期目標期間終了時には中期目標期間全体の業績を評価する．法人評価委員会が直接的に評価に際して関係する機関は，評価の対象である国立大学法人，大学共同利用機関法人と 4 年目終了時と中期目標期間終了時に教育研究面での評価を要請し，その結果を通知する大学改革支援・学位授与機構であるが，国立大学法人の目標・計画・評価に係っては，文部科学大臣と総務省に置かれている独立行政法人評価制度委員会も関与している．国立大学法人評価委員会と独立行政法人評価制度委員会との関係では，法人評価委員会は，4 年目終了時評価を独立行政法人評価制度委員会に通知するが，独立行政法人評価制度委員会通則法 32 条 3–5 を準用すると，後者は法人評価委員会に必要があるときには意見をすることができるとされている．中期目標・中期計画の策定及びその提出の手続きにおいては，各大学は経営協議会及び教育研究評議会で中期目標の原案と中期計画案について審議し，役員会の議を経て，学長が文部科学大臣に中期目標を提出し，中期計画案の認可申請をする．文部科学大臣は，中期目標の原案及び中期計画案について評価委員会の意見を聞き，財務省協議を経て，中期目標の場合は大学に提示し，中期計画の場合は認可する．以上のように，国立大学法人評価については，主務大臣をはじめ，政府に置かれている第三者機関として位置づけられている独立行政法人制度委員会，独立行政法人，そして審議会である国立大学法人評価委員会がその評価に関わるシステムが構築されている．

認証評価も法人評価もいずれも自己点検評価を基本としているが，国立大学法人にとっての認証評価は，大学や大学教育の質保証としての意味がより強く，認証評価機関が評価基準及び評価項目を決定した上で，機関別評価と分野別評価を行い，大学基準への適合判定を行う．一方，法人評価は，経営体としての評価及び運営費交付金等の国からの資金投与に見合う説明責任としての評価の意味が強い．

3–2. 国立大学の資源配分

次に，先行研究で扱われている国立大学の資源配分に着目し，近年の国立大学への資源配分と新しい仕組みによる資源配分の現状を提示する．国立大学が法人化された直近の第 1 期中期目標期間における制度は，国立大学特別会計が廃止されたことが資源配分の特徴であったが，法人化以前の教育研究の水準を維持することを前提に，法人化以前の配分実績をベースに予算は算定された．2005 年度以降には，Yamamoto（2010）が言及した前年度の予算を基礎とする“Performance-Oriented Budgeting”を導入しつつ，毎年 1％の減額を対象事業費に求める「効率化係数」が導入された．第 2 期中期目標期間（2010〜15 年度）においては，法人化の長所を活かした改革を本格化する為に，2013〜15 年度が改革加速期間と位置づけられ，2013 年には，時代の変化や社会の要請を踏まえて策定された「国立大学改革プラン」が公表された．同改革プランでは，各国立大の機能強化の視点として，①「強み・特色の重点化」，②「グローバル化」，③「イノベーション創出」，④「人材養成機能の強化」の 4 つの事項が提示され，各国立大学の強み・特色・社会的役割を客観的データをベースに教育研究分野ごと[1)]に整理した「ミッションの再定義」を踏まえた各国立大の機能強化構想に対し，重点的な支援が行われた．第 2 期には，「大学改革促進係数」が法人の交付額の算出に導入された．

第 3 期中期目標期間（2016〜21 年度）における運営費交付金配分の特徴は，第 2 期中期目標期間中に推進された機能強化や国立大学の社会的役割，大学改革への対応等を踏まえ，国が設定した「3 つの重点支援枠組み」に沿って各国立大学が自らミッションの再定義を踏まえて設定し，選択した支援枠に対する評価を運営費交付金の予算配分に反映したことであろう．運用は 2016 年度から開始となった．運営費交付金の推移は図 1 に示している．

旺文社教育情報センター（2017）によると，2017 年度の運営費交付金は 1 兆 97 億円となっているが，この中には各国立大学の持つ強み，特色を最

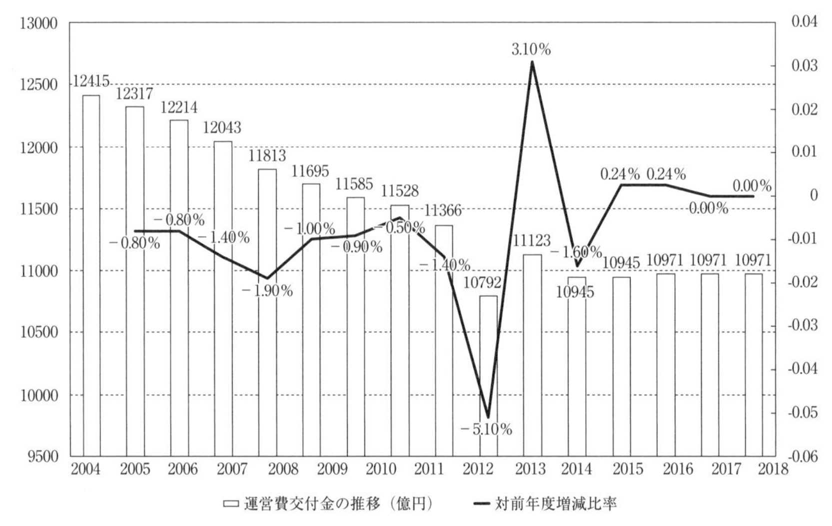

図１　運営費交付金の推移

出典：文部科学省の資料を基に筆者作成

大限に活かし，自立的，継続的な機能強化の推進を重点的に支援する為，17年度の基盤的経費である運営費交付金に「国立大学法人機能強化促進費」を新規補助金とした45億円が含まれた．支出経費として支出する内訳は，業務遂行に必要な基盤的な経費が中心となり，これは基幹経費と呼称されている．17年度の基幹経費には，「機関運営費交付金」が9,952億円，授業料及び入学検定料の収入，雑収入が充てられた．機能強化の継続的・安定的な推進の為に，基幹経費からは各大学の「機能強化促進係数」により約1%（約100億円）が「機能強化経費」の財源に充てられたが，一方で優れた実績のある機能強化の取り組みについて，「機能強化経費」から「基幹経費」へ移し変える仕組みが17年度に新規に導入され，53億円が移し変えられた．この措置により，大学の機能強化に対する優れた取り組みを継続的・安定的に推進し，大学の運営基盤をより強化しているという見解を文科省は提示している．

2016年度から導入された機能強化の重点支援は，上述のように「基幹経費」から予め拠出された約100億円を財源に，各大学の機能強化の方向性に応じた３つの「重点支援枠組み」の評価結果に基づき，拠出金が運営費交付金に再配分される.「重点支援枠組み」の評価結果による資金配分は，いわゆるPerformance Funding（以下 PF）の要素がかなり反映されるようになった証左でもある.

3-3. 重点支援枠組みに沿った評価による資源配分

表2に，重点支援枠組みに沿った評価が導入され，地域貢献型（重点支援①），全国的な教育研究型（重点支援②），世界で卓越した教育研究型（重点支援③）という各大学が自ら選択し,位置づけている重点支援枠組みでのミッションに応じて，評価された再配分結果（4年間分）を示す．2019年度を例にすれば，重点支援枠組みに関する再配分は，各国立大学から拠出された金額（選択した重点支援枠組みを踏まえて決定される「機能強化促進係数」に基づく）を運営費交付金から拠出し,「国立大学法人の運営費交付金に関する検討会」の評価に基づき実施されている[2]．その際，各大学が立てた「戦略」とその達成を把握する為に独自に設定した重要業績評価指標という意味の評価指標（以下 KPI）（Key Performance Indicator）をベースに各項目のKPI得点から大学全体の評価点を算出した上で，再配分するなど，評価に基づくPF方式が採用されている．2019年度は300億円がこの資源配分枠に相当する．各法人が提案した合計296の戦略を対象に評価が行われた.

2018年時点では全86大学で1,847ものKPIが掲げられていた．KPI数が多い為に戦略の達成状況の把握が困難であること，結果として評価の観点が拡散していたこと，KPI指標にアウトカム指標だけでなくインプット指標が数多く混在しているという状況が見られたという（文科省，2019)．その為，2019年度の評価においては，KPI自体に対し，評価項目①評価指標の精選・設定等に関し適切な対応が行われているか，評価項目② 2017年度の実績値について，それぞれ複数の観点に基づき評価し，最終的にa～dの4段階での評価が実施されている．資源配分に際しては，評価項目②のみを対象として各KPIの評価結果をa＝10点，b＝6点，c＝2点，d＝0点として得点化し，戦略ごとの平均点を算出した上で，各戦略の平均点を合算した数値を戦略数で除し，法人の平均点を算出している．配分表に基づき，配分率を決定し，評価対象経費に配分率を乗じて各法人の配分額が決定された．因みに，2019年に2018年度の評価結果が公表されたが，86大学のうち，7校が最高評価の105％の交付を受け，17校が102.5％，21校が100％，17校が97.5％，24校が95％の配分率となった.

表２　2016-18 年度重点支援枠組み評価資源再配分結果

重点支援１　55 大学					
大学名	28 年度	29 年度	30 年度	元年度	平均
北海道教育大学	107.8%	102.7%	98.4%	102.5%	102.9%
室蘭工業大学	97.0%	92.4%	104.9%	97.6%	*98.0%*
小樽商科大学	118.6%	92.4%	95.4%	102.5%	102.2%
帯広畜産大学	118.6%	111.7%	111.2%	100.0%	110.4%
旭川医科大学		86.4%	80.1%	97.6%	*88.0%*
北見工業大学	97.0%	92.4%	102.0%	100.0%	*97.9%*
弘前大学	107.8%	101.4%	106.4%	105.5%	105.3%
岩手大学	118.6%	99.9%	84.1%	100.0%	100.7%
宮城教育大学	97.0%	82.8%	93.6%	97.6%	*92.8%*
秋田大学	97.0%	102.7%	105.0%	102.5%	101.8%
山形大学	107.8%	102.7%	102.0%	100.0%	103.1%
福島大学	86.2%	113.0%	112.2%	97.6%	107.6%
茨城大学	97.0%	92.8%	89.6%	97.6%	*94.3%*
宇都宮大学	118.6%	102.7%	83.4%	102.5%	101.8%
群馬大学	86.2%	100.9%	85.8%	100.0%	*93.2%*
埼玉大学	92.4%	92.4%	106.9%	97.6%	*97.3%*
横浜国立大学	107.8%	102.7%	97.5%	105.0%	103.3%
新潟大学	107.8%	105.2%	96.6%	97.6%	101.8%
長岡技術科学大学	118.6%	100.7%	91.9%	97.6%	102.2%
上越教育大学	97.0%	92.4%	77.4%	97.6%	*91.1%*
富山大学	97.0%	80.5%	104.4%	102.5%	*96.1%*
福井大学	97.0%	98.5%	99.6%	102.5%	*99.4%*
山梨大学	97.0%	98.0%	85.9%	97.6%	*94.6%*
信州大学	97.0%	106.2%	110.3%	105.0%	104.6%
岐阜大学	97.0%	101.3%	98.5%	100.0%	*99.2%*
静岡大学	97.0%	90.8%	89.3%	97.6%	*93.7%*
浜松医科大学	107.8%	113.0%	112.2%	97.6%	107.7%
愛知教育大学	97.0%	99.6%	95.2%	97.6%	*97.4%*
名古屋工業大学	107.8%	102.7%	103.6%	102.5%	104.2%
豊橋技術科学大学	107.8%	99.7%	103.9%	100.0%	102.9%
三重大学	118.6%	108.1%	109.2%	102.5%	109.6%
滋賀大学	107.8%	102.3%	92.7%	97.6%	100.1%
滋賀医科大学	97.0%	102.7%	91.8%	97.6%	*97.3%*
京都教育大学	75.5%	82.2%	94.4%	95.1%	*86.8%*
京都工芸繊維大学	118.6%	102.7%	112.2%	105.0%	109.6%
大阪教育大学	97.0%	102.7%	106.1%	105.5%	102.8%
兵庫教育大学	107.8%	93.6%	98.7%	97.6%	*99.4%*
奈良教育大学	118.6%	82.1%	90.8%	97.6%	*97.3%*
和歌山大学	118.6%	95.1%	77.7%	100.0%	*97.9%*
鳥取大学	97.0%	98.9%	102.0%	102.5%	100.1%
島根大学	97.0%	92.4%	102.0%	102.5%	*98.5%*
山口大学	97.0%	92.6%	97.5%	97.6%	*96.2%*
徳島大学	97.0%	102.7%	101.7%	97.6%	*99.8%*
鳴門教育大学	86.2%	92.4%	98.7%	97.6%	*93.7%*
香川大学	97.0%	98.8%	98.4%	102.5%	*99.2%*
愛媛大学	97.0%	109.6%	112.2%	100.0%	104.7%
高知大学	107.8%	102.7%	100.8%	97.6%	102.2%
福岡教育大学	97.0%	92.4%	91.8%	97.6%	*94.7%*
佐賀大学	97.0%	95.9%	91.7%	97.6%	*95.6%*
長崎大学	97.0%	102.7%	99.9%	97.6%	*99.3%*
熊本大学	107.8%	102.7%	112.2%	97.6%	105.1%
大分大学	107.8%	102.7%	102.0%	100.0%	103.1%
宮崎大学	107.8%	102.7%	105.2%	97.6%	103.3%
鹿児島大学	86.2%	99.4%	95.2%	102.5%	*95.8%*
琉球大学	97.0%	102.7%	107.7%	100.0%	101.9%

重点支援２　15 大学					
学名	28 年度	29 年度	30 年度	元年度	平均
筑波技術大学	82.3%	101.4%	106.6%	100.0%	*97.6%*
東京医科歯科大学	102.9%	110.0%	104.9%	105.0%	105.7%
東京外国語大学	92.6%	102.4%	96.8%	100.0%	*98.0%*
東京学芸大学	102.9%	93.1%	95.0%	95.8%	*96.7%*
東京芸術大学	113.2%	101.7%	110.0%	97.90%	105.7%
東京海洋大学	102.9%	95.4%	85.8%	97.9%	*95.5%*
お茶の水女子大学	92.6%	99.0%	90.8%	100.0%	*95.6%*
電気通信大学	102.9%	96.1%	108.8%	102.5%	102.6%
奈良女子大学	92.6%	81.3%	98.9%	97.9%	*92.7%*
九州工業大学	92.6%	96.5%	104.2%	102.5%	*99.0%*
鹿屋体育大学	92.6%	78.3%	100.0%	100.0%	*92.7%*
政策研究大学院大学	102.9%	94.3%	77.5%	95.8%	*92.6%*
総合研究大学院大学	102.9%	102.9%	103.5%	95.8%	101.3%
北陸先端科学技術大学院大学	92.6%	95.7%	97.9%	95.8%	*95.5%*
奈良先端科学技術大学院大学	102.9%	108.5%	102.2%	102.5%	104.0%

重点施策３　16 大学					
大学名	28 年度	29 年度	30 年度	元年度	平均
北海道大学	100.2%	103.0%	99.7%	98.6%	100.4%
東北大学	100.2%	99.3%	104.6%	100.0%	101.0%
筑波大学	100.2%	91.7%	97.0%	98.6%	*96.9%*
千葉大学	90.2%	87.8%	92.0%	98.6%	*92.2%*
東京大学	100.2%	102.0%	100.2%	99.3%	100.4%
東京農工大学	90.2%	100.2%	97.0%	102.5%	*97.5%*
東京工業大学	90.2%	106.7%	101.6%	105.0%	100.9%
一橋大学	100.2%	87.6%	95.0%	102.5%	*96.3%*
金沢大学	80.2%	100.9%	102.9%	99.3%	*95.8%*
名古屋大学	100.2%	94.9%	99.8%	100.0%	*98.7%*
京都大学	110.3%	108.5%	104.0%	100.0%	105.7%
大阪大学	100.2%	99.6%	100.1%	102.5%	100.6%
神戸大学	110.3%	97.7%	90.0%	99.3%	*99.3%*
岡山大学	90.2%	90.8%	96.0%	100.0%	*94.3%*
広島大学	90.2%	88.1%	99.7%	100.0%	*94.5%*
九州大学	110.3%	107.0%	100.2%	98.6%	104.0%

出典：文部科学省「３つの重点支援の枠組み」による配分額の４か年の評価率を元に筆者作成
https://www.mext.go.jp/content/1417263_04.pdf

表2の結果を参照すると，相対評価である為，100％を4年間の平均で上回る大学がある一方で，下線斜体字のように100％を下回る大学も存在する．重点支援枠組み（以下では枠組みを省略）①では100％を下回る大学数が28，上回る大学数が27，重点支援②では下回る大学数が10，上回る大学数が5，重点支援③では下回る大学数が9，上回る大学数が7という結果となり，全体的に4年間では100％を下回る大学数が多い結果であった．KPIの達成度がこの結果には大きく影響を及ぼしていると考えられ，PFによる予算配分とみなすことができる．しかし，大学がKPIをどう設定するかも重要な要素であるが，KPI指標そのものの精査と評価がされなければならなかった事実を踏まえると，各大学が設定するKPI指標の信頼性や妥当性が普遍的とはいえない問題も存在する．KPI指標による資源配分の有効性を検証する為にも，KPI指標の信頼性や妥当性の研究の蓄積が不可欠であろう．

3-4. 2019年度からの運営費交付金配分の見直しと資源配分

「重点支援枠組み」に基づいた評価結果による仕組みの導入に加えて，2019年度から，第4期中期目標期間に向けて，大学の特性を踏まえた客観性の高い評価，すなわち資源配分を推進し，経営見通しに基づいた改革を進める為の新たな仕組みが導入された．新方式においては，原則前年同額で固定していた配分部分が評価に基づく配分として1000億円に拡大された．1000億円のうち，700億円は成果に係る共通指標として設定されることになった．この新たな仕組みは，「客観的指標による，成果を中心とした実績状況に基づく配分」と位置づけられ，19年度は，この仕組みの導入に当たり，運営費交付金が大きく変動しないよう，変動幅を90～110％の範囲内とすることで，教育研究の継続性や大学運営の安定性を配慮しているとの説明がなされている（文科省，2019）．

資金配分は，1．会計マネジメント改革の推進状況（100億円），2．教員一人当たり外部資金獲得実績（2-1．研究教育資金獲得実績と2-2．経営資金獲得実績の2項目の合計230億円），3．若手研究者比率（150億円），4．運営費交付金等コストあたりトップ10％論文数（重点支援③大学のみを対象に100億円），5．人事給与・施設マネジメント改革の推進状況（5-1．人事給与マネジメント改革の推進状況と5-2．施設マネジメント改革の推進状況の2項目の合計120億円）という共通指標による相対評価で行われる．なお，人事給与・施設マネジメント改革の推進状況は2020年度より重点支援評価に組み入れられることになる．19 年度評価では，新規の共通指標に沿った PF 型の評価が特徴である．

傾斜配分は 19 年度では,「上位 10%の大学：110%」,「上位 10〜30%の大学：105%」「上位 30〜50%の大学：100%」「上位 50〜70%の大学：95%」「残り 30%の大学：90%」とされている．結果として，重点支援①と②の大学においては，項目 4 を除いた計 6 項目の相対評価が行われ，重点支援③の大学は項目 4 を加えた計 7 項目についての相対評価が行われ，資源配分が実施されている．

例として，会計マネジメント改革の推進状況は評価基準として，(1) 学内の見える化と戦略的な資金配分（3 点），(2) 学外への見える化（2 点），(3) 産学連携の推進の為の環境整備（2 点）から構成されている．詳細は文科省のウェブ頁に公表されているが，会計マネジメント改革の推進状況を構成している項目を分析すると，可視化と資源配分の最適化や学外への見える化という文言には,民間経営的な視点が反映されていることに気づく．(1) では，予算・決算を見える化することにより，効率性や有効性といった側面を明らかにし，それを基に，より効率的な資源配分へとつなげていく姿勢が伺え，学外への見える化では，多様な手法による経営情報の社会との共有という視点は，産業界等，寄付金や共同研究の資金獲得に結び付く魅力的な経営情報を開示するという点で，企業が株主を意識する手法との共通点が伺える．

教員一人当たり外部資金獲得実績の評価基準は，科学研究費などの国費からの外部資金獲得ではなく，共同研究，受託研究，受託事業，寄付金等の一人当たり獲得額とされ，産業界や財団，個人等からの共同・受託研究，寄付金が相当する．寄付金以外での共同・受託研究等は，人文・社会科学系の教員による外部資金の獲得はそれほど多くない為，医歯薬生命系あるいは理工系等に多くが集中すると想定される．

人事給与マネジメント改革の推進状況に係る評価基準では,業績評価が(1) 月給制適用者の昇給に反映，(2) 賞与に反映，(3) 任期･雇用更新等に反映，(4) 研究費等予算配分に反映，(5) 本人へのフィードバックを各 1 点として最大 5 点に設定されているが，これらの項目は企業の人事給与マネジメント制度と類似しており，それまでの高等教育機関における人事マネジメントとは異なるシステムへの移行が期待されていることが読み取れる．

重点支援③の 16 大学に適用される運営費交付金等コスト当たり TOP10%

表3　運営費交付金等コストあたりTOP10%論文数

大学名	該当論文数（編）	交付金＋科研費（千円）	コストあたりTOP10%論文数	配分率
北海道大学	414	40,424.1	0.010241	95%
東北大学	721.4	53,924.3	0.013377	100%
筑波大学	272.4	38,155.8	0.00714	90%
千葉大学	212.9	19,031.8	0.011184	95%
東京大学	1,365.80	99,403.7	0.01374	105%
東京農工大学	107.6	7,089.5	0.015171	105%
東京工業大学	442.3	25,019.4	0.01768	110%
一橋大学	14.2	6,141.4	0.002308	100%
金沢大学	119.3	16,586.6	0.007194	90%
名古屋大学	518.7	37,055.8	0.013998	105%
京都大学	991.1	64,870.5	0.015278	110%
大阪大学	706.3	51,862.6	0.013618	100%
神戸大学	224.7	22,449.2	0.010011	95%
岡山大学	154.8	18,994.9	0.00815	90%
広島大学	231	26,123.2	0.008843	95%
九州大学	537.1	44,937.1	0.011953	100%

出典：文科省資料「令和元年度国立大学法人運営費交付金における新しい評価　資源配分の仕組みについて」より作成

論文数の評価基準を示し，その結果を表3に示す．TOP10%論文数は（株）クラリベイト・アナリティクス・ジャパン（旧トムソン・ロイター）が提供するWeb of Scienceデータを参考としつつ，（株）エルゼビア・ジャパン提供のデータベースであるScopusにより，2016年から18年までの大学別の被引用数の高い論文を示すTOP10%を2016～17年度の運営費交付金等及び科研費等の合計額の平均で除した数値が評価基準であり，その結果をベースに配分するという研究評価枠組みである．Scopusには，科学・技術・医学・社会科学・人文科学各分野に関する世界からの5000社以上の出版社の22000誌以上（2018年5月現在）のジャーナルに掲載された論文や学術図書シリーズ603（ボリューム数38000）に関する情報が収録され，日本発行のタイトルは400以上が収録されていると記されている[3)]．しかし，JSPSグローバル学術情報センターは（2014），Scopusに収録されているデータはそもそも英文誌であり，出版社の国別でみても欧米諸国が中心となっており，日本国内で出版されたジャーナルで収録された数は800誌に満たないことを指摘している．この指摘はもう一つの研究評価に伴う問題を示唆している．分野別でみた場合，現在，医歯薬生命及び理工系においては，英文論文が標準的である一方，ローカル言語である日本語を主体とするジャーナルが多い人文・社会科学系は，経済学を除けば抜け落ちてしまう傾向があること，また人文・社会科学系においてはローカル言語である日本語による学術図書の出版市場が国内に存在することから，英文による学術図書の出版数が少なくなる傾向があるという2つの問題を内在していることである．

3-5. 国立大学法人評価と資源配分

重点支援枠組みに基づく各大学が設定したKPI指標と2019年度からの共通指標による資源配分には，国立大学法人の強み・特色を踏まえた大学の機能強化を図ること，大学改革の進捗を強化するという目的が存在する．一方，中期目標・中期計画の進捗状況を調査・分析することが国立大学法人評価の主な目的である．故に，法人評価では，国立大学法人の業務全般の評価を毎年度各法人が提出する自己評価による実績報告書等調査・分析を行い，ヒアリング，財務諸表や給与水準の分析も踏まえて「全体評価」と「項目別評価」を行う．年度評価は，資源配分に取り入れられていない為，現在は第3期中期目標期間であるが，2017年5月に公表された国立大学法人評価委員会による評価結果が第2期中期目標期間評価の結果に基づく資源配分として活用され，第3期中期目標期間評価結果が公表されるまでこの配分が続く．2019年度では30億円がこの評価方式により配分されている．

全体評価は，各法人の中期計画の進捗状況について，総合的に評価することである．2019年11月の総会において，18年度の結果として，「85法人中85法人が，中期目標前文に掲げる「法人の基本的目標」に即して，計画的に取り組んでいると認められる等3つの評価結果が公表された[4]．項目別評価では，「業務運営の改善・効率化」，「財務内容の改善」，「自己点検・評価及び情報提供」，「その他業務運営」の4項目について，自己点検・評価の検証を行い，「中期計画の達成に向けて特筆すべき進捗状況にある」，「中期計画の達成に向けて順調に進んでおり一定の注目事項がある」，「中期計画の達成に向けて順調に進んでいる」「中期計画の達成に向けておおむね順調に進んでいる」，「中期計画の達成のためには遅れている」，「中期計画の達成のためには重大な改善事項がある」という6段階の評定により進捗状況が示されている．2019年度の85全法人数の法人評価総会資料による評価結果を見ると，1.「業務運営の改善・効率化」，2.「財務内容の改善」，3.「自己点検・評価及び情報提供」，4.「その他業務運営」の4項目の大多数は，「中期計画の達成に向けて順調に進んでいる」に集中しており，4項目すべて84％から97％の範囲にあった.「一定の注目事項がある」の割合もそれほど高くなく，「特筆すべき進捗状況」や「おおむね順調に進んでいる」といった評価に相当する法人は少数という結果であり，差が明確につく評価として設計されていない.

国立大学法人評価は年度評価を積み上げ，中期目標期間終了時の評価が次の評価機関の間の資源配分に反映されるという仕組みであるが，重点支援枠組みと共通指標による資源配分との差異は，法人評価は達成度評価ではないことにある．中期目標計画を達成する為に戦略的目標を立て，取り組みを実施する上で設定した指標が重点支援枠組みのKPIと重複することは否めないにせよ，法人評価ではあくまでも法人による実績報告書に基づき質的に評価する側面が強い.

それでは，重点支援枠組みと共通指標に基づく資源配分と運営費交付金との関係はどのようになるのだろうか．2018年度と19年度における運営費交付金の評価・実績配分の差異及び21年度の実績配分の予想に関するイメージを図2に示す．運営費交付金対象事業には基幹経費と機能強化経費及び特殊要因経費が含まれるが，図にあるように2018年度の機能強化経費は，19年度では,そのうちの一部が共通指標による相対評価結果として（700億円），大学の規模等に応じて算定されている基幹経費の配分に反映されるようになり，機能強化経費の部分が縮小している．20（令和2）年度から教育研究の成果に係る共通指標が導入される予定と公表されており，PFによる再配分の割合と変動幅が順次拡大されることが予定されている.

なお，指定国立大学法人が2018年度から公募され，19年度から指定国立大学法人は国立大学法人評価の枠組みから外れ，指定国立大学法人評価が初めて実施された．評価内容は，法人評価とはかなり異なり，特徴が散見される為，本論文の考察部分で検討する.

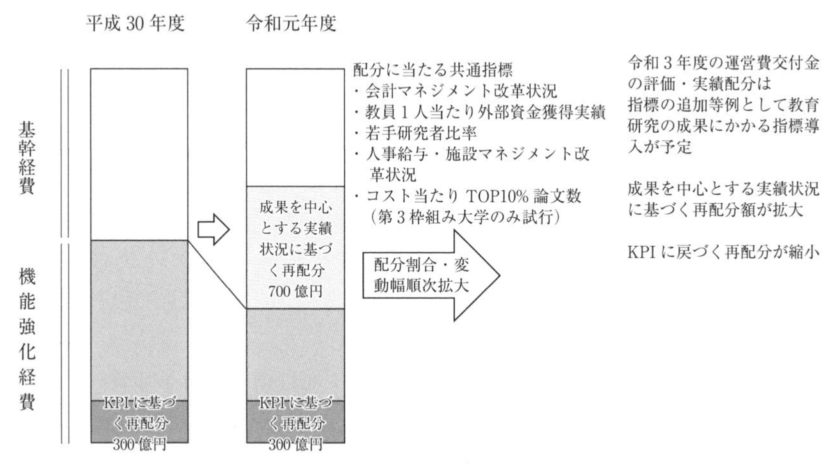

図2　運営費交付金の評価・実績配分のイメージ

出典：文科省の説明をベースに筆者作成

4. 私立大学の資源配分

2017年度の文科省高等教育関係予算全体を見ると，経常収益の40%前後を国立大学法人運営費交付金等が占めるのに対し，私立大学等経常費補助金は3,153億円であり，一般会計に占める割合は，5.9%と低い．

図3は，日本私立学校振興・共済事業団の資料を基に作成したものであるが，年々補助金額が減少し，近年は，経常費に占める補助金の割合が10%を切っていることがわかる．私立学校振興助成法によれば，本来は私立大学等の経常的経費の2分の1以内を補助することができる規定があるが，実情は国の財政事情を背景に10%程度となっていることから，私学関係者からは補助金を巡る国公立格差の存在と是正が常々指摘されている．

私立大学の補助は，教職員給与や退職金掛け金，研究旅費等運営に不可欠な教育研究に係る経常的経費について支援する「一般補助」と文部科学省高等教育局私学部資料（2018）によれば，2020年度以降の18歳人口の急激な減少や経済社会の急激な変化を踏まえ，自らの特色を活かして改革に取り組む大学等を重点的に支援する「特別補助」[5]から成り立っている．「一般補助」は，従来は大学の規模によっての決定が基本であった．しかし，同資料では「教育の質保証や経営力強化に向けたメリハリある配分を実施」と説明され

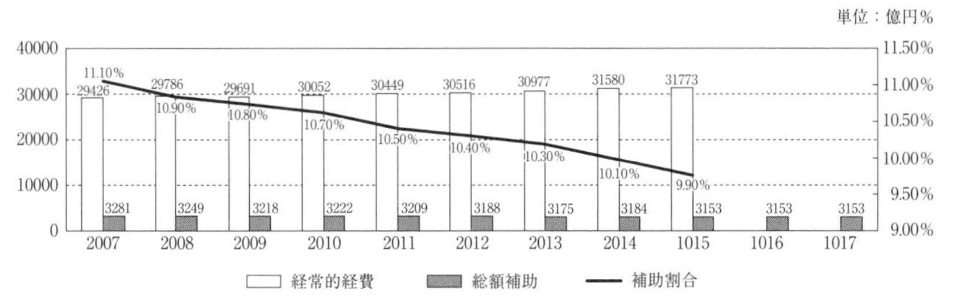

図３　私立大学等の経常的経費と経常費補助金額の推移

出典：日本私立学校振興・共済事業団資料から筆者作成

ているように，競争的な資源配分の概念が組み入れられている．2018年度より，教育の質にかかる客観的指標による増減率が一般補助の算定額に導入されることになった．客観的指標は，17年度の私立大学等改革総合支援事業のタイプ１の（1）「全学的チェック体制」，（2）「カリキュラムマネジメント体制」，「学生の学び保証体制」に係る複数の指標を参照しながら，設定されている．つまり，競争的資金配分の仕組みとして2013年から開始された私立大学等改革総合支援事業（2018年度は131億円）で設定された大学改革を促す為の一部項目が共通指標になり，一般補助の資源配分に使用されることになった．「全学的チェック体制」の中の項目であるIR機能の整備や「カリキュラム・マネジメント体制」の新規項目であるアセスメントポリシーの整備，「学生の学び保証体制」の中の学生の学修成果の把握といった項目は，IRに関わる人材の問題，学生の学修成果の把握とアセスメントポリシーの関係性についての社会的な合意の存在といった問題にも関わっており，資源配分に反映するだけの客観的な指標とみなされるかは大いに疑問があるのではないか．なお，「特別補助」においては，継続的な定員未充足の大学等に対する特別補助の減額が要件として組み入れられている．

私立等改革総合支援事業は，各大学が予め設定された調査票の項目に自己採点をする形でスタートしたが，19年までの間に複数のタイプの組み換えが実施されてきた．申請する各大学の平均点が上昇することにより，次年度の項目の水準が上昇すること，毎年評価対象の項目が変化することから，私立大学は対応に疲弊しているといえるだろう．更には，この申請を最初からあきらめる大学の存在も決して少なくない．申請ベースで行われた競争的資金配分の一部が，一般補助に組み入れられることの影響はより大きいともいえる．こうした日本の現状を踏まえて次節では，米国の資源配分の特徴と日本との差異について検討する．

5. 米国の評価と資源配分

米国における評価と資源配分の関係性を論じる際，資源配分を行う主体とその対象についての確認が重要である．基本的に，評価を行い，資源配分を行う主体は州政府であり，対象となる機関は州立大学及び地方政府の管轄対象となるコミュニティ・カレッジであり，私立大学は州政府による資源配分の対象にはならない．更に，研究評価については，連邦政府に関連する連邦機関である医学分野を除く科学・工学及び人文・社会科学を含む分野の研究支援を行う全米科学財団（National Science Foundation）や医学分野の研究支援を行う米国国立衛生研究所（National Institutes of Health）による個別補助が基本である．故に，米国における資源配分の特徴は，州政府による州立 4 年制大学及びコミュニティ・カレッジの評価とそれに基づく資源配分と研究評価は基本的に独立して実施されていることが特徴である．

吉田（2018：43–53）は米国州政府による大学評価に基づく資源配分の仕組みとそのモデルを詳細に分析しているが，州交付金をフルタイム換算学生数で除した学生一人当たり州交付金配分額は，2006 年から 16 年の 10 年間では実質値で 12％減少していると指摘している．交付金減少の背景には，経済要因やアカウンタビリティの増大等日本との共通点が見られる．Carlson（2018）は，2017 年度における全米の公立大学の収入において学生からの授業料納付金が初めて 46％を超えたことを明らかにしている．

実際，州政府交付金配分額の減少に伴い，近年「PF モデル」を多くの州が導入している．全米州議会協会（National Conference of State Legislatures, NCSL）（2016）は，31 州が PF を導入しているとしているが，Li（2019：3）は，35 州が導入という情報もあるなど，明確な数字は把握しにくいと主張している．4 年制大学及びコミュニティ・カレッジに見られる大方の PF の共通成果指標には，リテンション率，2 年制大学から 4 年制大学への編入率，単位修得数，卒業率，学位・修了証授与数，就職状況等が使用されている．近年，PF を導入する州の増加に伴い，これまでの基盤的な州交付金に上乗せする形で実施されてきた PF による資源配分が，近年では基盤的交付金に対して実施するところが増加していることも指摘されている（Dougherty &

Natow, 2015: 4).

テネシー州は，州交付金の100%を評価に基づく資源配分であるPFに移行している州である．アウトカム指標としては，4年制及びコミュニティ．カレッジ共通として，単位修得状況，FTE学生100人当たり準学士号・学士号取得者数, 4年制大学の指標として, 修士号や博士号取得者数, 研究・サービス，6年間での卒業率等が挙げられている．加えて，Quality Assurance Funding（以下QAF）は，①学習成果，②アクセスとサクセスという指標が用いられ，それぞれ75ポイントと25ポイントの計100ポイントを獲得できれば5.45%の交付金が上乗せされる仕組みである．教育指標は, 標準テスト，満足度調査等が用いられ，州立大学間でのベンチマーキングも行われる．

米国で多くの州がPFを導入した効果はどこにあるのだろうか？　Hillman等によるペンシルベニア，テネシー，オハイオ州での研究は，必ずしも卒業率と学位授与数が改善していないことを示している（Hillman et al. 2014: 816–57)．実際に卒業率がPFの指標として導入されたことにより，入学水準を上げた大学が増加したことも提示されている．Dougherty等(2015)は，PFが教授陣のモティベーションの低下とアカデミック・ガバナンスへの関心の低下をもたらしたという調査結果を提示しているが，同時に，不断の教育改善の為の意識が教職員の間で共有され，様々な教育改善の為の方策が進展したという見方も示しており（Dougherty et al. 2015)，現在PFの効果を巡る議論は収斂されていない．

6. 考察とまとめ

本稿では，日本の高等教育機関における資源配分について，国立大学法人における重点的支援枠組みによるKPI指標による成果の評価と共通指標による成果の評価導入という新しい仕組みを分析し，私立大学助成に対する共通指標の導入による資源配分に関する疑問点を検討してきた．その上で，米国のPFによる資源配分の動向も合わせ鏡として比較してきた．それでは，日米の大学評価と資源配分を巡る差異とそこからもたらされる影響を考察する．

米国では，日本と異なり，奨学金に関する連邦政府の機関補助を除けば，評価と資源配分は州内の公立大学，コミュニティ・カレッジを対象に実施される．日本が文部科学省による中央統制システムの中で, 資源配分に関して,全国の国立大学法人を対象とし，かつ私立大学の一部助成も共通指標で評価しているのに対し，あくまで州内のみの公立機関を対象に実施する．私立大学は評価と資源配分の対象にはならない．それ故，例えば，就職率をPFの成果指標にしたとしても，同じ州における就職率である為，日本の首都圏と地方というような格差が共通指標に影響を及ぼすことは少ない．

研究成果の評価においては，独立した形で研究者によるピア・レビューの枠組みで連邦政府機関が個人ベースで行う．故に，日本の国立大学法人が重点分野に学内で資源配分をし，成果を上げにくい分野を縮小していく動向とは異なり，研究分野の保証は評価の独立性に伴い，かなり担保されることが可能である．日本では，今後研究評価について，分野別でどう評価をするのか．人文・社会科学の研究評価を行う場合に，研究者コミュニティによるピア・レビューが担保されないと人文・社会分野の軽視が起こるという危惧は否めない．

教育評価については，テネシー州では，教育の成果としての標準試験，満足度調査やNSSEのような学生調査が導入されており，その成果がQAFとして上乗せされる．しかし，州内の同じ公立機関システムに属する機関としての評価という点で，同様の教育成果目標の設定は理にかなっており，地域間格差が州内でのベンチマーキングで問題になる可能性は低い．

日本の場合，地域間格差をどう捉えるのか．あるいは私立大学という授業料に主たる財源が依存している事実を踏まえた上での資源配分の妥当性の検証も不可欠である．

日本の高等教育機関における近年の資源配分の特徴は，国立・私立を問わず政策的に大学改革を通じて達成させようとする目標の共通指標化に置かれている．この点で，ボトムアップではなく，大学改革を国からの統制と管理により進展することに特徴がある．一方，米国のPFの指標は，アウトカム指標であるが，こうしたアウトカムを達成する為に，大学の教職員が自発的に結果として教育改革を推進しており，その自発的な改革がPFのメリットとして提示されている．

国立大学法人は自ら選択した枠組みに基づきミッションを定義していることから，KPIで独自指標を設定するにせよ，同じ枠組みに属する国立大学の姿が類似していく可能性も高い．個性は今後どのように進展し，評価されるのだろうか？　私立大学の場合にも，共通指標が私学助成に組み入れられるとすれば，建学の精神に基づいたミッションや個性をどう評価するかについて喫緊の課題として議論する必要がある．

さて，2019年度から指定国立大学法人評価が開始した．指定国立大学法人の評価は従来の国立大学法人とは異なり，指定国立大学法人としての枠組みから評価がなされ，かつ，大学が自ら設定している国際ベンチマーキングが重要な指標に位置づいている．市場化の流れの中で規制緩和を大幅に適用したのが指定国立大学法人制度である．今年度は初年度である為，評価となる資料は十分とはいえないが，各指定国立大学法人が重点を置くところには差異が見られる．例えば，東京大学は産学連携に重点を置いた結果，産学連携による外部資金の獲得が目立ち，企業経営的要素の導入が特徴として見受けられた．国立大学法人の共通指標においても，産学連携による外部資金獲得はかなり重点的な指標として位置づけられているが，産学連携は大きな可能性があると同時に永続的であるかは不透明であるといえる．また，産学連携という言葉には，社会的なニーズに応えるという含意もあるが，逆に高等教育機関が自由な研究を追求できるかという観点からは，一定の歯止めがかかる可能性や効率化の要求が増大する可能性を失念してはならない．この見解は大学評価に関係なく，産学連携を重視すること自体が持っている危険性ともいえるが，いずれにしても指定国立大学法人制度は規制緩和を通じてより企業等での経営手法を導入することを可能した制度とも捉えられる．

財政改革・経営改革・研究生産性といった企業等では普遍的に捉えられてきた概念を，大学[6]という営利企業とは異なる考え方に基づいて設置され，運営されてきた組織に対して実質的に機能させていく為の課題は大きい．

◇注

1）13分野のミッションの再定義の結果が文科省URLに掲載されている．https://www.mext.go.jp/a_menu/koutou/houjin/1418118.htm

2）文部科学省「令和元年度国立大学法人運営費交付金の重点支援の評価結果について」https://www.mext.go.jp/content/1417263_01_1.pdf

3）高橋昭治「Scopusジャーナル収録方針とジャーナル評価指標CiteScore」2018年9月14日J-STAGEセミナー「ジャーナルのプレゼンス向上に向けて—評価指標の観点から～」を参照．

4）国立大学法人評価委員会，2019．『国立大学法人・大学共同利用機関法人の

平成30年度に係る業務の実績に関する評価について』559頁を参照

5）2018年8月文部科学省高等教育職私学部資料「2019年度概算要求　私学助成関係の説明」を参照．https://www.mext.go.jp/component/b_menu/other/__icsFiles/afieldfile/2019/01/15/1412641_02.pdf

6）私立大学には以前から財政・経営改革という概念を適用して運営されてきた側面があるが，それでも営利企業とは異なる考え方で運営されてきた．

◇参考文献

Callahan, M. K., Meehan, K., Shaw, K. K., Slaughter, A., Kim, D. Y., Hunter, V. R., Lin, J., Wainstein, L., 2017, *Implementation and Impact of Outcomes-Based Funding in Tennessee*, Research for Action, 1–98.

Carlson, A. "SHEEO Releases State Higher Education Finance FY2017", March, 29, 2018, (https://sheeo.org/sheeo-releases-state-higher-education-finance-fy-2017/, 2019.12.10)

Dougherty, K. J., Jones, S. M., Lahr, H., Natow, R. S., Pheatt, L., Reddy, V., 2016, *Performance Funding for Higher Education*, Baltimore: Johns Hopkins University Press.

Dougherty, K. J., Natow, R. S., 2015, *The Politics of Performance Funding for Higher Education Origins, Discontinuations, and Transformations*, Baltimore: Johns Hopkins University Press.

藤村正司，2018，「高等教育の市場化政策・財政規模・補助金による国立大学の分化―」『高等教育の財政問題―資金配分の市場化を考える』高等教育研究叢書，144，1–8.

グローバル学術情報センター，2014，「Scopus収録論文における科研費成果論文の分析」『CGSIレポート』第1号，1–8.

合田隆史，2018，「高等教育財政の構造改革に向けて―なぜ混迷が深まるのか―」『高等教育の財政問題―資金配分の市場化を考える』高等教育研究叢書，144，9–27.

Hillman, N. W., Tandberg, D. A., Fryar, A, H., 2014, "Evaluating the Impacts of "New" Performance Funding in Higher Education," *Educational Evaluation and Policy Analysis*, XX, X, 1–19.

Johnson, N., Yanagiura, T., 2016, *Early Results of Outcomes-Based Funding in Tennessee*, Lumina Issue Papers, Lumina foundation, 1–11.

金子元久，2010，「高等教育財政のパラダイム変換」国立大学財務・経営センター『大学財務経営研究』第7号，3–28.

金子元久, 2018,「コメント」『高等教育の財政問題—資金配分の市場化を考える』高等教育研究叢書, 144, 77-81.

Li, A. Y., 2019, "Lessors Learned; A Case Study of Performance Funding in Higher Education, Third Way", 1-2. (https://www.thirdway.org/report/lessons-learned-a-case-stufy -of-performance-funding-in-higher-education, 2019.12.15).

丸山文裕, 2009,「高等教育への資金配分」国立大学財務・経営センター『大学財務経営研究』第6号, 17-28.

文部科学省, 2019, 4月5日,「イノベーション創出に向けた大学改革のこれまでの成果と今後の取り組みについて」資料.

文部科学省, 2019, 国立大学法人評価委員会（第61回）配付資料（https://www.mext.go.jp/b_menu/shingi/kokuritu/gijiroku/1414677.htm, 2020.1.03）.

文部科学省, 2019, 令和元年度国立大学法人運営費交付金における新しい評価・資源配分の仕組みについて（https://www.mext.go.jp/content/1417264_001.pdf, 2019.12.15）.

旺文社教育情報センター, 2017,「国立大「運営費交付金"等"」の仕組みと狙い」1-11. (http://eic.obunsha.co.jp/resource/viewpoint-pdf/201705.pdf, 2019.12.10).

State Higher Education Executive Officers Association, 2019, *SHEF: FY 2018*, 1-51.

Yamamoto, K., 2010, "Performance-Oriented Budgeting in public Universities: The Case of a National University in Japan", 国立大学財務・経営センター『大学財務経営研究』第7号, 43-60.

吉田加奈・柳浦猛, 2009,「米国テネシー州における高等教育財政とパフォーマンス・ファンディング」, 広島大学　高等教育研究開発センター『大学論集』第41集, 323-341.

吉田加奈, 2018,「米国州政府による大学評価に基づく資源配分」『高等教育の財政問題—資金配分の市場化を考える』高等教育研究叢書, 144, 43-53.

ABSTRACT

Relationship between University Evaluation and Resource Allocation: New Mechanisms of Resource Allocation for National and Private Universities

YAMADA, Reiko
Doshisya University

This paper examines the relationship between university evaluation and resource allocation. The National University Corporation Evaluation Committee has introduced an evaluation system for national universities, and the government has developed an evaluation system based on a novel framework in recent years. We examine the relationship between resource allocation and the impact of competitive resource allocation on national and private universities. Differences between Japan and the United States are evaluated by examining the relationship between state-centered evaluation and resource allocation in the United States and the problems of resource allocation in relation to evaluation in Japan.

In the United States, unlike Japan, evaluation and resource allocation for public universities and community colleges are conducted in each state. In Japan, the Ministry of Education, Culture, Sports, Science and Technology's central control system targets national universities nationwide and subsidizes private universities with common indicators. A significant difference in resource allocation based on evaluation is that in the United States, it is targeted to public universities and community colleges alone at the state level, and private universities are not subject to evaluation or resource allocation.

The characteristics of resource allocation in Japanese institutions of higher education are based on university reform through the introduction of common indicators, regardless of whether they are public or private. Here, it is characteristic that university reform is promoted by governmental control and management rather than bottom-up within universities. Although the PF index is considered an outcome index in the United States, faculty members voluntarily promote educational reform to achieve these outcomes.

It is necessary to discuss educational missions based on the founding spirit and the evaluation of individuality. The allocation of resources through evaluation is becoming more common worldwide, and the associated challenges are great.

研究評価と資源配分
—米独英との比較を通して得られる示唆—

遠藤　　悟[1)]

日本の学術研究活動の水準は論文の被引用度等の指標において他の主要国に劣るという指摘があり，その改善に向けた論議も展開されている．日本の学術研究活動の向上のためには，他国の事例を参照しつつ日本の現状の理解を深めることも重要と考えられる．米国，ドイツ，英国はそれぞれ異なる学術研究システムやそれに対する支援システムを有しているが，本稿においては特に基盤的資金と競争的研究資金によるいわゆるデュアルサポートシステムについてそのメカニズムと評価について概観する．日本においては基盤的資金と競争的研究資金の一体的な改革が提案されているが，海外事例との比較を通して日本の取り組みへの示唆を探る．

はじめに

日本の大学は，海外の主要国の大学に比べその成果論文の生産性が低いという指摘がある．しかし，この指摘に妥当性があるかについては，様々な観点から検証が必要である．科学技術政策論議においては時に国の総研究開発費に対する論文数や被引用度上位論文数を比較し，他国に比べ日本の学術研究の水準が低いとする意見も見られる．しかしこれは各国の研究活動の構造の相違を無視したものであり，妥当性を欠くものであることは明らかである．

他国との比較を含め日本の学術研究活動について理解を深める手掛かりとしては，科学技術・学術政策研究所（NISTEP）の諸出版物があり，また，

日本学術振興会

1）本稿は，筆者が開設する「米国の科学政策」ウェブサイトの関連において執筆されたものであり，所属機関の職務に関連したものではない．

経済協力開発機構（OECD）をはじめとして海外の諸機関も様々なデータを提供している．さらに，「科学立国の危機」（豊田，2019: 452–456）においては様々なデータを用いた分析が加えられているが，同書では例えば大学の研究費あたりの研究生産性が主要国に比べ決して低くないことが示されている．

日本の研究活動に対する理解を深め，その改善の方策を考える際にはこのような妥当性の高い分析結果を参照することが重要であるが，併せて日本と他国の研究活動の相違を科学技術政策・高等教育政策や学術研究システムの面から比較検討することも重要と考えられる．

本稿においては，このような問題意識の下，日本の研究生産性についてNISTEPのデータを用い概観した上で，米国，ドイツ，英国における学術研究システムやそれに対する研究支援･評価システムについて報告する．また，各国の状況から研究資金配分メカニズムを類型化して示すとともに評価手法について整理することにより，日本と米独英各国との共通点，相違点等を示し，日本における学術研究活動の改善への示唆となる情報を紹介することを試みる．

1. 米独英および日本の学術研究の現状と研究開発資金

各国の学術研究活動の水準を比較する場合，研究成果文献に関する指標が用いられることが多く，またその指標を用いて目標設定を伴う政策形成の根拠ともなっている．例えば科学技術基本計画(平成28年1月22日閣議決定)においては，「我が国の論文数，高被引用度論文数は共に伸びが十分でなく，国際的な共著論文の伸びも相対的に低い．そうしたことから，我が国の基礎研究力の低下が懸念される」とし，「論文の質そのものの評価は難しいことから，その代替的な評価指標として普及している高被引用度論文に注目し，我が国の総論文数を増やしつつ，我が国の総論文数に占める被引用回数トップ10％論文数の割合が第5期基本計画期間中に10％となることを目指す」としている．

科学技術・学術政策研究所（NISTEP）が刊行する科学技術指標は，Web of Scienceのデータを用い，日本の2015–2017年に出版された日本の論文数は年平均78,747報で世界第5位，また，論文の質に関する指標として多く用いられる被引用数上位10％論文の数は6,613報で世界第11位であるとしている（整数カウント）．主要国の論文数の変化は，1990年代後半以降，中国が急速にシェアを増加させており，他の多くの国々のシェアは低下傾向にある．2005–2007年と2015–2017年に出版された論文のシェアの変化を挙げると，日本は8.2％から5.4％に，米国は29.4％から24.8％に，ドイツは8.0％から7.1％に，英国は7.8％から7.2％と変化しており，日本の低下傾向は特に大きい．また，同じ期間の被引用数上位10％論文数のシェアを比較した場合，日本は6.3％から4.5％に，また米国は44.8％から37.0％に低下しているが，ドイツは10.0％から10.4％に，また英国は11.2％から12.4％へと論文数の低下にも関わらずこのシェアは拡大している（NISTEP（1），2019: 140）．

このような日本の研究成果の相対的な伸び悩みの大きな要因は中国の研究開発支出とその成果である論文数の大幅な伸びであるが，ここでは日米独英の4か国の研究開発費の変化とともに見ることとしたい．図1はNISTEPの資料に基づき，各国の論文数を研究開発費総額で除した値である．この1論文あたりの研究開発費の数字を見ると日本の論文生産性は低いことがわかる．しかし,研究開発費総額は各国においてその内訳が異なる．日本の場合，他の主要国に比べ民間部門の研究開発支出が高く大学部門において低い．このため上のグラフの分母の値を政府研究開発費に置き換えた場合，1論文あたりの政府支出研究開発費は主要国に比べ決して大きくなく，生産性が低いという指摘は必ずしも妥当ではないことがわかる（図2）．（NISTEP（2），2019：1，7）

次に，各国における大学の研究開発費に対する政府支出の割合を示す（図3）．この値を見ると日本の大学に対する政府支出は相対的に低く，大学における研究の活性化のためには，政府のより強力な支援が必要と考えられる．

さらに，いずれの国も政府の支援が過半を占める大学部門の研究開発費の変化を2000年を1として見た場合，日本のみが停滞し，他の国々においてはそれぞれ大幅に伸びていることがわかる（図4）（NISTEP（2），2019：7, 41）．

これらのデータを見ると，日本において大学の研究活動が停滞あるいは低下しているという指摘については，その原因が他国と比べた大学に対する政府の支援の停滞にあるとし，大学側や研究者にその責任はないと主張することも可能かも知れない．しかし，国民の学術研究に対する期待や，現下の財

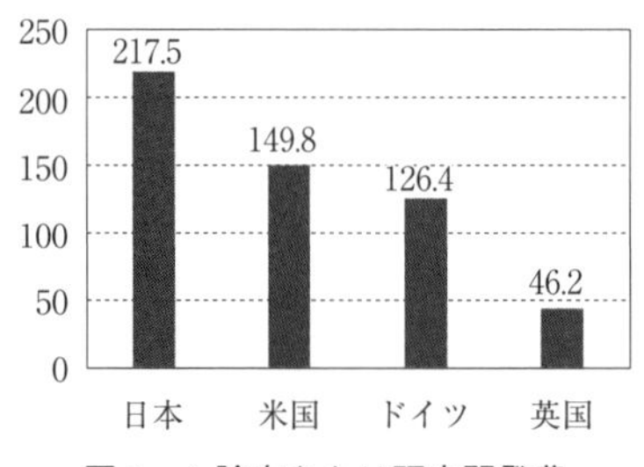

図１　１論文あたり研究開発費（単位：100 万円）

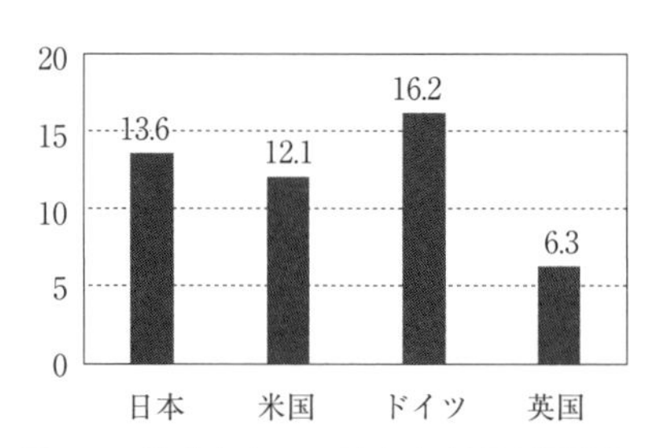

図２　１論文あたりの政府支出研究開発費（単位：100 万円）

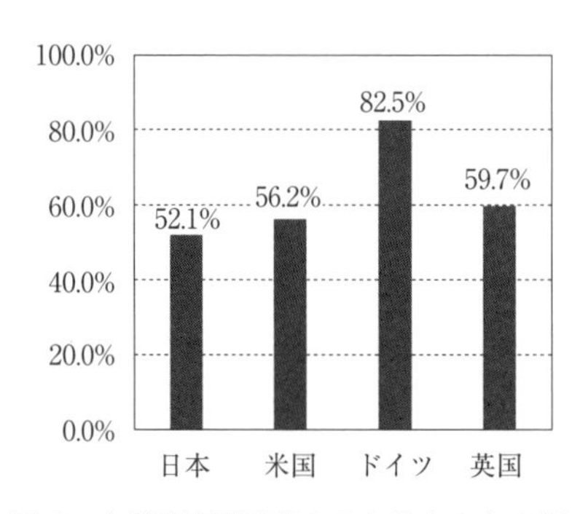

図３　大学研究開発費のうち政府支出の割合（2017 年）

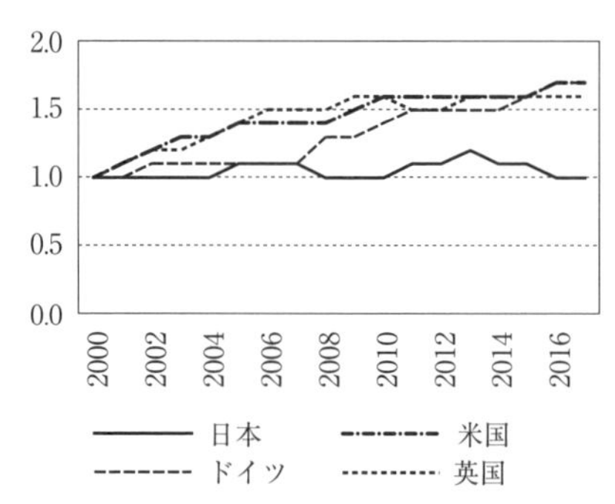

図４　2000 年を１とした各国通貨による大学部門の研究開発費の指数

政状況を鑑みればアカデミックコミュニティーの側においても出来る限りの取り組みが求められているとも言える．本稿においてはこのような状況を念頭に置きつつ，米独英各国の状況を参照しつつ日本の現状について検討を加えることとしたい．

2．米独英，そして日本の学術研究システムと資金配分メカニズム

2–1．米国の学術研究システムと資金配分メカニズム

米国において大学は独立以前からハーバード大学，ウィリアムアンドメアリー大学，イェール大学等が設置されていたが，独立後は各州において高等教育機関が設置され，また 1862 年のモリル法により連邦政府所有地の払い下げによる大学が設置された．さらに第二次世界大戦後には高等教育の数が拡大し，現在は数千の高等教育機関が存在する．カーネギー高等教育機

関分類によると高等教育機関の数は4,324機関で，博士号授与機関は418機関とされている（Carnegie Classification of Institutions of Higher Education, 2019）．また，教育省の中等後教育統合データシステムによると6,702の高等教育機関のうち，何らかの博士号を授与する機関の数は1,222機関であると表示される（IPEDS, 2018）．

大学は公立大学（州立大学，市立大学等）と私立大学に大別することができるが，研究大学という意味においては，公立大学，私立大学のいずれにおいても優れた研究大学が存在する．

米国において連邦政府は大学の設置に関する権限がないことから，連邦政府による大学への財政的な関与は奨学金による支援に加え，科学技術を所管する各省・機関による研究開発支出を通したものとなる．

研究開発に関連する業務を所管する連邦政府機関としては，その長官が内閣を構成する省として，厚生省，国防省，エネルギー省，農務省，商務省，運輸省，教育省等がある．また，省に属しない独立機関としては，国立科学財団（NSF），航空宇宙局（NASA），スミソニアン研究所，国立人文学基金（NEH）等多数の機関がある．これらの機関のうちNSF，NEHは大学等研究機関への資金配分が主な業務であるが，他の機関もそれぞれのミッションに従い自ら研究開発活動を行うと同時に大学等に資金配分を行っている．

連邦政府機関による大学への支援の多くはグラントなど競争的研究資金の形で配分されるが，幅広い学術研究を支える競争的研究資金配分機関は厚生省の一組織である国立保健研究所（NIH）とNSFである．NIHは生物医学分野において，そしてNSFは他の幅広い科学工学分野において競争的グラントを中心とした支援を行っている．

なお，米国における連邦政府資金配分の特徴の一つに間接経費がある．このことについては後の節において検討を加えるが，この間接経費による資金配分メカニズムが，米国において連邦政府と大学の関係，そして大学と個々の研究者の関係を規定する重要な要素となっている．

2-2. ドイツの学術研究システムと資金配分メカニズム

ドイツの大学は，1386年にハイデルベルク大学が設立されたのち各地に設立され，その後19世紀初頭にはヴィルヘルム・フォン・フンボルトの改革による大学の自治，教育と研究の自由，教育と研究の統合といった原則が取り入れられた．第二次世界大戦後のドイツ分裂期においては，ドイツ連邦共和国とドイツ民主共和国の高等教育制度は大きく異なる形態となっていたが，現在に引き継がれるドイツ連邦共和国の高等教育制度は，州が大学における教育研究活動に対し，財政面を含め責任を有し，連邦政府レベルの関与は競争的資金の配分などに限定される．

現在，ドイツの高等教育機関は（総合）大学（Universität/university），専門大学（専門高等教育機関）（Fachhochschule/university of applied sciences）の他，芸術大学，教育大学，神学大学等があるが，（総合）大学の数は106である．

大学に対する政策について連邦政府と州政府の関係から考えた場合，ドイツと同じ連邦制の国である米国では協調的な政策はほとんど見られない．これに対しドイツにおいては，むしろ州政府が科学研究活動を支えてきたという歴史的背景の下，近年は連邦政府がイニシアチブを強める形で連邦政府と州の間で協調的な政策形成が展開されてきた．ドイツにおいて高等教育機関に対する主権は州にあり，全独16の州に設置された106の大学はいずれも高い水準の研究活動を行っているが，大学に持続的・安定的な研究支援が行われる枠組みとして，高等教育協約や研究・イノベーション協約がある．高等教育協約は州と連邦政府の学生数の増加に対応した取り決めであるが，研究資金獲得への支援の側面もある．また，研究・イノベーション協約は，2005年から継続しているドイツ研究振興協会（DFG）やマックスプランク科学振興協会に対し，予算を毎年3〜5%増額する取り組みである．

ドイツにおいては以前からDFG等を通した競争的研究資金配分システムが確立しており，州政府による基盤的資金を併せたデュアルサポートシステムが十分に機能している．しかし，100を超える数の大学の間で，より卓越した研究を行う大学を構築すべきという声などを背景に，2006年に連邦政府主導の新たな取り組みとしてエクセレンスイニシアチブが開始された．この取り組みは，(1) 大学院教育の強化，(2) 卓越した研究クラスターの構築，そして (3) トップ大学の研究戦略実現，といった枠組みにより，2006年から2011年までの第1期には19億ユーロ，2012年から2017年までの第2期には27億ユーロが配分された．第2期終了後は，エクセレンスストラテジーとして新たな取り組みが進められている（DFG，2019）．

2-3. 英国の学術研究システムと資金配分メカニズム

英国の大学は，12世紀から13世紀にかけてイングランドにオックスフォード大学とケンブリッジ大学が設置されたことに始まる長い歴史を持つが，現在の英国の高等教育システムは，1988 年にポリテクニックと高等教育カレッジが自治権のある教育機関と位置づけられ，さらに 1992 年には高等教育財政カウンシルの設置をとおし，大学と，ポリテクニック・高等教育カレッジの二元的な制度が解消され，現在に至っている．

英国の大学の研究活動への支援の枠組みは近年大きく変化した．教育面に関連した大学の財務については 2011 年のホワイトペーパー「学生中心の高等教育システムを目指して」に基づき，大学には授業料等の徴収に大幅な裁量を付与し，政府は（大学へ配分する基盤的資金に代えて）学生に対し貸与金を提供するという政策を導入した（BIS，2011）．

研究面における政府による支援の枠組みは，2018 年に英国研究イノベーション機構（UK Research and Innovation: UKRI）が設置されたことにより大きく変化した．UKRI は 2017 年に成立した高等教育・研究法に基づき設置された機関であるが，この構想は，王立協会会長の職にあった Paul Nurse 卿により取りまとめられた報告書において示された競争的研究資金を配分するリサーチカウンシルなどの機関を統合する案が取り入れられたものであった（Nurse, 2015）．

UKRI は，従前から大学に対し基盤的資金を配分してきたイングランド高等教育財政カウンシル（HEFCE．イングランドの場合．スコットランド，ウェールズ，北アイルランドにも同様の機関あり．）と，競争的研究資金を配分する 7 つのリサーチカウンシルが統合されたものである．7 つのリサーチカウンシルとは，芸術・人文学リサーチカウンシル（AHRC），バイオテクノロジー・生物科学リサーチカウンシル（BBSRC），経済・社会リサーチカウンシル（ESRC），工学・物理科学リサーチカウンシル（EPSRC），医学リサーチカウンシル（MRC），自然環境リサーチカウンシル（NERC），科学技術施設会議（STFC）であるが，これらリサーチカウンシルの機構はそのまま UKRI 内の組織とされた．また，UKRI には産業主導のイノベーション創出を目的としたイノベート UK（Innovate UK）も組み込まれた他，高等教育機関における研究面の基盤的資金を配分するリサーチ・イングランド（Research England）も置かれることとなった（イングランド以外において基盤的資金は別の組織を通して配分）．英国においては伝統的にリサーチカウンシルの競争的研究資金と HEFCE 等の基盤的研究資金によるデュアルサポートシステムが採られてきたが，UKRI設置後も，基盤的研究資金を所掌する機関がHEFCEからリサーチ・イングランドに変わったこと以外は基本的にこの構造に変化はない．

なお，UKRIの創設にあたっては，研究資金の配分は20世紀初頭にRichard Burdon Haldane卿が主張した，研究資金の使途は政治家ではなく，研究者により決定されるべきであるというHaldane原則に拠ることが再確認されている．

2-4. 他国の事例から得られる示唆

これまで述べたとおり，米国連邦政府においてはNIH, NSFなど多くの省・機関が大学に対し資金配分を行っている．連邦政府研究開発支援額の大きい大学上位100大学について省・機関別の資金配分額を見ると，NIHを中心とした厚生省が最大の配分元となっている大学の数は75ある．そして国防省，NSFが最大の配分機関となっている大学の数は各11，エネルギー省が最大の資金配分機関となっている大学が2，航空宇宙局が最大の資金配分機関となっている大学が1である（NSF，2019）．各省・機関が行う研究開発支援プログラムはそれぞれ異なる研究分野や目標が設定されており，評価の手法や基準も異なる．このことは，連邦政府が各省・機関のミッションに基づく様々な財政的誘因を大学に提供し，大学側はこれに応える形で研究の多様性を高めていると見ることもできる．

ドイツ連邦政府においても教育研究省や他の研究開発を目的とする省が大学に対し研究開発資金を配分するが，大学にとって最も大きな研究資金はDFGによる資金であり，ほぼ全ての大学にとってDFGが配分する競争的資金の獲得が最も重要な意味を持つ．DFGは後述するように政府機関ではなく，アカデミックコミュニティーがその運営に深く関与する私法上の協会であり，米国とは対照的に大学に対する誘因はアカデミックコミュニティーが自ら設ける構造となっていると言える．

英国の大学の研究面における資金は，公的資金の他に慈善団体から配分される割合も多いが，公的資金についてはUKRIを通した配分が最大となっている．UKRIにおいては，上述のリサーチカウンシルを通した競争的資金とリサーチ・イングランドを通した基盤的研究資金の二通りの手法により資金配分が行われるが，基盤的研究資金については研究卓越性枠組み（Research Excellence Framework: REF）という評価手法の結果が反映される．この評価手法の構築にあたっては，以下に説明するようにアカデミックコミュニティーの側の深い関与が見られる．

高等教育財政カウンシル（イングランドの場合はHEFCE）において開始されリサーチ・イングランドに引き継がれた資金配分メカニズムはREFと呼ばれる．この評価は，それに先立つResearch Assessment Exercise（RAE）の時代から概ね6～7年の間隔で実施されており，最後のRAEが2008年に，最初のREFが2014年に実施され，次回のREFは2021年に実施予定である．RAE/REFが6～7年の間隔で行われる背景には，その実施における負担の問題もあるが，むしろこの期間を開けることが，REFの研究評価をより洗練されたものとするとともに，大学，アカデミックコミュニティーにおいても十分な時間的視野において研究活動に取り組む余裕を付与するものであることが考えられる．例えばREF2014については，2008年のRAEの終了から間もない2010年以降，新たな評価システムの構築についての案が示され，大学，アカデミックコミュニティーからのフィードバックを得て最終的なシステムが構築された．また，REF2014終了後には独立報告書「The Metric Tide」が出版されているが，同書は研究評価およびマネジメントにおける指標について，留意すべき事柄を含め多角的な分析が加えられており，REFに限らず幅広い研究評価活動に貴重な示唆を与えている（Wilsdon, James, et al., 2015）．

2回目のREFはREF2021として2021年に評価が行われることになるが，これに先立ち2016年7月にはStern卿による独立評価報告書が提出され，その後2016年末から2017年にかけて行われた意見聴取などを経て，2019年はじめには2020年11月の大学からの関係文書の提出手順等が示された．

REF2021は，34の分野別の評価単位においてピアレビューを中心とした専門家レビューによりアウトプットやインパクトの観点から評価が行われる．各評価単位における評価は，学術研究分野において異なる論文引用の特性を考慮するなど，学術研究の多様性を反映するための配慮がなされている．

3. 研究資金配分の手法と評価

3-1. 研究資金配分メカニズムの類型と評価手法

前節で見たとおり，主要国の研究資金配分メカニズムは異なる．米国においては，連邦政府は基盤的資金の配分を行わないことから，その支援の方法は多くが競争的に配分される研究開発資金であり，州・地方政府による基盤的資金の配分を受ける公立大学以外はデュアルサポートシステムが形成されているとは言い難い．また，公立大学に関しても連邦政府と州・地方政府との間に協調的な政策はほとんど見られない．

ドイツにおいては，大学は州により設置されたが，連邦政府はDFGによる競争的研究資金を配分する形で研究支援を行い，明確な基盤的資金と競争的資金の区分の下，デュアルサポートシステムが形成されている．

英国におけるリサーチ・イングランドによる基盤的研究資金の配分とリサーチカウンシルによる競争的研究資金の配分は，伝統的なデュアルサポートシステムを引き継いだものである．

日本の大学は国立大学，公立大学，私立大学により構成され，それぞれの設置により基盤的資金と競争的資金の配分状況も異なる．特に私立大学に配分される補助金の額は限られており，デュアルサポートについて論じることは必ずしも意味を持たないかも知れない．しかしながらドイツや英国の例を通して長期的な視野に立った学術研究活動の向上のための検討を行うことは価値のあることと考えられることから，以下においてはデュアルサポートシステムを念頭に置いた内容に多くの文字数を割くことご了承いただきたい．

以下の表は，研究面に関する基盤的資金と競争的研究資金の考え方を筆者がまとめたものである．なお，この二つのメカニズムの他，第三のメカニズムとして大学の構想に対する資金配分というメカニズムも存在するが，頁数の関係から本稿においては言及していない．

	基本的な考え方	支援対象の基本単位	評価手法	評価の時期
基盤的資金（研究に関連する部分）	長期的・安定的な研究遂行	大学	業績評価，専門家による評価（ピアレビューを含む）	中期計画期間の主に業績に対する事後（Ex-post）評価
競争的研究資金	研究の高度化	研究者個人・研究者のグループ	主にピアレビュー	研究計画等に対する事前（Ex-ante）評価

3-2. 基盤的研究資金

日本において国立大学に対する基盤的資金は運営費交付金として配分されるが，その額は法人化以降減少が続いており，2004年度には1兆2415億円であったものが2016年度には1兆945億円まで縮小した．以後は微増に転じているが，現時点においても法人化時点に比べ12%の減額となっている（国立大学協会（1），2019: 44）．

我が国の国立大学法人評価は，各法人が自ら定める中期計画（第3期は平成28年度～令和3年度）について，各事業年度の業務運営に関する計画（年度計画）の実施状況等に基づき，中期計画の達成に向けた進捗状況を評価するものである．教育研究の状況に係る中期目標の達成に向けた評価については，その特性に配慮し，中期目標期間評価において実施することとなっており，年度評価ではその取組状況を確認することとなっている．評価は，各法人から提出された実績報告書を調査・分析するとともに，学長・機構長からのヒアリング，財務諸表や役職員の給与水準等の分析も踏まえながら「全体評価」と「項目別評価」が行われている．大学は，この6年という中期計画期間において教育研究に関する計画を立て，それに向けた取り組みを行う．このため，学術研究活動についても大学が比較的長期的な見通しの下で取り組むことに適している制度と考えられる．

次期中期目標期間に向け，国立大学協会は2019年11月に「2020年度の運営費交付金の配分における共通指標の活用について（考え方の整理）」を公表した（国立大学協会，2019）．ここに示された基本的な方向性は，教育・研究に関する評価は分野・領域単位（11学系）で行うことを基本とし，その結果を基に大学全体の総合評価を行う，評価のサイクルは中期目標期間の6年間とするが，4年目に現況分析に基づく中間評価を行う，等とされている．また，評価の単位・項目については，研究面は「研究成果」と「研究環境」の二つで構成される指標をもって評価することとし，「研究成果」の指標は，「学術的に卓越した研究成果がどれほど生まれているかと併せて，研究活動・成果が社会などへのインパクトをどれほどもたらしているかを測定する項目からなる」としている．そして評価指標の方向性の例としては，「質の高い研究論文や著作物などの研究業績数（11学系別の標準的な様式，あるいはピアレビューによる評価結果など）」および「研究による社会・経済・文化的なインパクトに関する評価指標（評価結果など）」が挙げられている．

国立大学協会の案について他国の例と比較すると，中期目標期間である6年間の評価について示しているという点でREFの実施間隔に近く，また，評価において研究分野を単位としたピアレビューを方向性の中に示すなどの点においてもREFが参考になる面もあると考えられる．しかしながら，第4期中期計画期間が開始される2022年度までの時間が限られていることを考えると，早急により具体性のある評価制度の検討が求められる．例えばREFは分野別の34の評価ユニットそれぞれにおいて，大学からの論文等提出物の内容，あるいは評価に際しての論文の被引用情報の利用等も含めた評価手法等について検討が加えられ,取りまとめられた内容が公表されている．日本における中期目標期間の評価においてこのような負担の大きいシステムを導入することは容易ではないとも考えられるが，検討の参考とすべき点は多いと考えられる．

他方，大学の研究活動を年度単位で評価し，その結果を運営費交付金の配分に反映させる試みも見られる．統合イノベーション戦略2019においては，「2019年夏頃までに，教育研究や学問分野ごとの特性を反映した客観・共通指標及び評価について検討し，検討結果を2020年度以降の国立大学法人運営費交付金の一部の配分に活用する」とされている（閣議決定，2019: 9）．

各大学に対し定量的指標を設け，その結果を単年度の運営費交付金に反映させるという考え方は，基盤的経費において短期的な資金獲得のインセンティブを付与するものである．このことは大学改革を加速化させる効果が期待される反面，学術研究における長期的な取り組みへの関心が薄れるなどの懸念すべき要素もある．また資金配分に反映される評価の手法はREFのような研究面におけるピアレビューを基盤とした業績を中心としたものではなく，政府が求める計画や（研究業績以外の）定量的な指標に対する達成度である．従ってこれらの計画や定量的指標に対する高い達成度は必ずしも研究力の向上を意味するものではない．研究力の向上に結びつけることが出来るか否かは大学自身に委ねられているとも言える．

3-3. 競争的研究資金

3-3-1. 他国との比較をとおしてみる日本の競争的研究資金制度

日米独英各国のファンディングエージェンシーの法的地位や意思決定プロセスは異なるが，いずれのファンディングエージェンシーの研究グラントにおいても共通に見られる要素として，研究者個人あるいは研究者のグループによる発想に基づく研究計画に対し支援が行われること，またその評価は同僚研究者による評価（ピアレビュー）を通して行われることがある．

日本の科学研究費助成事業（科研費）に限らず，各国の競争的研究資金の多くはファンディングエージェンシーと呼ばれる公的研究資金配分機関により配分される研究グラントという形で行われるが，各国においてファンディングエージェンシーは異なる法的地位や意思決定プロセスを有している．そしてファンディングエージェンシーの法的地位や意思決定プロセスが異なることが，それぞれファンディングエージェンシーとアカデミックコミュニティーとの関係にも反映している．

3-3-2. ファンディングエージェンシーとアカデミックコミュニティーの関係

米国NSF，ドイツDFG，英国リサーチカウンシル，そして日本学術振興会はいずれも学術研究に対する競争的資金配分機関として重要な役割を担っているが，それぞれの組織の位置づけは異なり，またそのことによりアカデミックコミュニティーとの関係も異なるものとなっている．

米国NSFは連邦政府内の独立行政機関であり，その業務は大統領を頂点とする行政機構における政策決定プロセスに基づき行われる．このため，政権の交代によりその業務も変わるという米国の連邦政府機関の特徴も有している（ただし，NSFは政権の交代があっても長官が留任することが慣例となっているなど比較的持続性のある業務が行われている）．行政機関であることからアカデミックコミュニティーが直接NSFの政策決定に関与することはないが，構成員に大学や企業等の代表が含まれる国家科学審議会（National Science Board）の設置が国立科学財団法に規定されており，国の政策の枠内で同審議会がNSFの業務に関与している．

ドイツDFGは政府機関ではなく，自治を有する私法上の協会で，大学，マックスプランク協会，フラウンホーファー協会，ライプニッツ協会，科学及び人文アカデミー，及び数多くの学協会が会員機関となっている．DFGの学術面の意思決定に関する機構としては大学学長会議やアカデミー連合の会長や会員総会で選出される研究者の代表を構成員とする評議会（Senate）が設置されている．また，グラント等の審査にあたる評価委員会（review board）の委員については研究者の投票による選挙を通して選任される．

英国のリサーチカウンシルはUKRI設置後も伝統的な業務運営が行われて

おり，例えば7つのリサーチカウンシルの一つである工学・物理科学リサーチカウンシル（EPSRC）の場合，評議員会（EPSRC Council）の委員はアカデミックコミュニティーや産業界の代表により構成されている．また，100年余り前にHaldane卿により示された，研究資金の配分の決定は研究者による独立した評価に拠るべきであるという原則は，UKRIへの移管後も引き継がれている．

日本において公的研究資金配分機関は独立行政法人（国立研究開発法人を含む）であり，DFGのようなアカデミックコミュニティー自らにより運営される機構ではない．しなしながら，日本学術振興会においては日本学術振興会法に基づき業務運営に関する重要事項を審議する評議員会が設置されており，また他の機関においても機関の長に対しアカデミックコミュニティー関係者が助言を行うメカニズムが見られる．

3-3-3. ボトムアップ型研究資金とトップダウン型研究資金

日本においては，競争的研究資金について，ボトムアップ型とトップダウン型に区分されることが多い．ボトムアップ型研究資金としては科研費が，また，トップダウン型研究資金としては科学技術振興機構のCRESTなどの基礎研究・未来共創研究が例として挙げられる．前者は研究者の自由な発想に基づく研究を支援するものとして，研究の分野，テーマ，期待される成果等については研究者自らの発想において計画される．そしてその採否に関する評価は，その研究の価値を理解できる研究者によるピアレビューにより行われ，学術的重要性などの学術的な価値を中心として評価が行われる．後者のトップダウン型の研究支援は一般に，イノベーションに結びつくこと等を目的とした戦略目標や研究開発テーマが設定され，研究者はそれに向け研究計画を立案する．その支援決定への評価は当該プログラムの目標達成等の観点等において行われる．

日本でボトムアップ型研究支援は，学術研究の振興を図るための唯一のファンディングエージェンシーである日本学術振興会がその役割を担い，トップダウン型研究支援は，科学技術振興機構において科学技術基本計画の下，新技術の創出のための科学技術に関する業務の中においてファンディングが行われる他，医学，エネルギー，農学等の研究開発領域においても関係の独立行政法人等により支援が行われている．

このようなファンディングを行う機関によりボトムアップ型支援とトップ

ダウン型支援が区分される研究支援システムは日本独自のものと言えるが，他の国々の競争的研究資金配分のメカニズムにおいてもボトムアップ的な手法とトップダウン的手法の双方による研究支援が行われている．

米国においてボトムアップ的な支援は，NSFとNIHを中心に行われている．NSFのウェブサイトにおいては300を超えるプログラムが掲載されており，それぞれに研究分野や目的，あるいは支援対象が記されているが，その内容は様々であり，その一部には例えば基礎研究をイノベーションに結びつけることが期待されるトップダウン的な要素のものも含まれる．しかしNSFのプログラムで特徴的なことは，これら300を超えるプログラムに該当しない研究計画であっても自由にボトムアップ的に応募を行うことが出来ることである．このような多様で柔軟性の高いプログラムの運用が可能となっている背景には，NSFにおいて当該学術分野の専門的知識を持つプログラムオフィサーがそれぞれ担当する業務においてある程度の裁量度を持って業務を行っているという状況がある．

NIHは，NSFとは異なりボトムアップ的手順による研究プロジェクトグラントプログラム（NIH Research Project Grant Program．R01と呼ばれる）という中核的なプログラムが設置されているが，他に臨床や創薬などを強く意識したプログラムも設置されている．NIHへの申請の大半は科学評価センター（Center for Scientific Review: CSR）を窓口として受理されるが，生物医学研究の幅広い分野を対象とした200を超えるスタディセクション（評価委員会）におけるピアレビューを通した審査が行われる．

ドイツのDFGも多様な研究支援プログラムを実施しているが，その中核はボトムアップ的手順により行われる個人向け研究グラント（Individual Research Grant）である．これは全ての学術研究分野を対象としたプログラムで，その採否にかかる評価は，200を超える学術分野の区分において研究計画や研究者の質等を評価基準としたピアレビューにより行われている．DFGの評価システムで注目すべき点は，このピアレビューを担う評価委員会（Review Boards）のメンバーはアカデミックコミュニティーに属する博士号を有する幅広い研究者が投票権を持つ選挙を通して選出されることである．

英国の7つのリサーチカウンシルの一つであるEPSRCのプログラムは，ボトムアップ型として標準的研究（standard research）支援と，トップダウン的手順による目標設定資金配分メカニズム（targeted funding mechanism）に区分される．前者の標準的研究支援はEPSRCの中核的な資金配分メカニズムで，工学・物理学の全分野を対象として随時申請が受け付けられ，ピアレビューによる評価が行われる．後者の目標設定資金配分メカニズムは，特定の目標，要件，あるいは支援対象者等が設定され，特定の応募期間が設けられるが，評価手法は多くの場合，ピアレビューである．

これら主要国のファンディングエージェンシーのボトムアップ型支援プログラムを見ると，日本において科学研究費助成事業はこれらとの間で様々な点で共通性があることが理解される．例えば科研費は全ての学術研究分野における研究者の自由な発想に基づく研究計画の応募を受け付けるが，他の機関のプログラムにも同様のメカニズムが備えられている．また，研究の質の面（研究計画や研究者の能力等）に関するピアレビューの結果が採否決定の最も重要な要素としている点も同様である．

3-3-4. 間接経費の意味

日本の競争的研究資金は直接経費と間接経費により構成される．間接経費の割合は30パーセントであるが，他国において間接経費はその割合が異なるだけでなく，大学の運営に対する意味も国により異なる．

米国において間接経費は，施設及び事務経費（Facilities and Administration（F&A）Cost）として配分される．F&A Costの意味は，その名称のとおり大学の施設維持管理や事務運営に支出される経費である．間接経費の割合は連邦政府機関と大学の間で個別に決定されるが，その割合は一般に研究大学において高率と言われている（Luther, James D., 2017: 4–5）．このような間接経費の性格により，米国において競争的資金の獲得は直接的に大学の財政基盤の強化に結びつくことを意味する．このため，間接経費は連邦政府が基盤的資金に代えて大学の財務基盤を強化するための手段となっていると理解することもできる．

ドイツにおいては，長く間接経費という考え方はなく，高等教育協定において初めて直接経費の20%（後に22%）が間接経費として配分されることとなった．いわゆるオーバーヘッドコストとしての位置づけであり，競争的研究資金の獲得により追加的に生じる費用を補填する意味合いが強い．この背景には，（米国とは異なり）基盤的資金が州政府により確実に措置されているという状況がある．

英国においては日米独のような競争的資金に付加される形での間接経費の配分はなく，競争的資金の獲得に伴う経費は他の資金により賄われるものであるという考え方がある．グラント等の申請がリサーチカウンシルに提出される際には，大学が関連する全経費（フルエコノミックコスト（fEC））を算出することが求められ，採択された場合，リサーチカウンシルはfECの80%を大学に配分する．すなわち大学は残りの20%を措置する財源が必要となるが，このようなシステムが可能となる背景には，大学が基盤的資金をはじめとする強固な財務基盤を有していることに加え，「経費への透明性アプローチ（Transparent Approach to Costing（TRAC））」という財務分析手法の存在がある．

日本における30%という米国より小さくドイツより大きい間接経費の割合が妥当であるかと言う点については，競争的資金獲得にかかる誘因の点から異なる考え方があると思われる．米国において競争的資金の獲得がそのまま大学の財務基盤の強化に繋がることから，特に研究大学においては教員に対する競争的資金の獲得への圧力が大きいと言われている．そしてこのことが優れた研究者を産み出すメカニズムと言われることもあるが，過度の競争性への懸念の声も聞かれる．一方，ドイツにおいて競争的資金の獲得が必ずしも大学の財務に貢献するものではないことから，教員の評価を競争的資金の獲得に結びつけようとする誘因は強くないと考えられる．安定的な基盤的資金と併せ，教員が長期的な研究に取り組むために恵まれた環境が形成されていると見ることもできる．

4．大学にとっての研究資金獲得と評価の在り方

以上，各国の研究資金配分や評価の実情を概観した上で，日本の状況について検討を加えたが，本節においては日本の資金配分と評価システムを活用して大学の研究活動の向上に結びつけるための取り組みについて，(1) 大学の自律的な取り組みにおける観点，および (2) 教員の研究活動の向上への誘因としての観点，の2点から簡単な考察を加えることで本稿を括ることとしたい．

(1) 大学の自律的な取り組みにおける観点

現在総合科学技術・イノベーション会議においては競争的資金と基盤的資金を一体的に改革しようとする論議が見られるが，この競争的資金と基盤的

資金の関係について，英国のREF2014に対するStern卿の独立評価報告書には以下の記述が見られる（Stern, Nicholas, 2016）．

> 英国の研究における成功の一つの動因は，将来の研究プロジェクトやプログラムの提案に対する競争的グラントによる資金配分と，大学が戦略的に未来の発展を育むための研究に向けた戦略的投資を行うことを可能とする長期的・安定的なブロックグラントの制度である．これこそが「デュアルサポート」システムである．

この言葉には，個々の研究者は競争的資金の獲得により自身の研究計画を実現させ，大学は基盤的資金により長期的な研究戦略を立案するという明確な区分が示されており，それによる英国の大学の強みについて記されている．

一方，現在日本で論議されている改革の取り組みは，基盤的資金を年度という短期間で評価しようとすることなど，英国のこの理念とは異なる考え方が示されており，長期的な取り組みが必要な学術研究にとってリスク要因となる可能性もある．また，特に英国やドイツにおいて学術研究システムの改革はアカデミックコミュニティーが主導する事例が見られるが，現在日本においては研究者への意見聴取は行われるが改革の主導は行政側にあり，アカデミックコミュニティーにとって受け身の改革となることも懸念される．

日本の学術研究の質の向上が喫緊の課題であることはアカデミックコミュニティーと政府の双方にとって異論のないことと考えられる．このため，大学に期待されることは改革に背を向けることなく，困難であっても必要な取り組みを加速化させる機会と捉えることと考えられる．例えば人事面にかかる諸制度の変更には個々の教員の間に新たな利害関係を生むこととなるが，教員の間で改善の必要性やそのための人事評価等に対する問題意識が共有されれば改革が速まるといったことも考えられる．行政府は目標を設定し，その達成度を評価するだけでその役割を果たすと考えるかも知れないが，それを受け止め改革を取り組むのは大学自身である．日本の学術研究がより優れたものとなるかは，大学の自律的な取り組みであるという認識が共有されることが求められている．

(2) 教員の研究活動の向上への誘因としての観点

競争的研究資金は，明確な評価基準に基づくピアレビューを通して採否が決定されるといったメカニズムの健全性が担保されることにより，それ自体が研究活動を向上させる適切な誘因となるものであり，大学の側から教員に対して追加的な誘因を設定する必要はないという考え方がある．しかしながら，大学にとって教員が競争的資金を獲得することが法人の評価の向上に結びつくといった近年の政策論議にも影響される形で，以前にも増して教員に対する競争的資金の獲得への圧力が高まっている．そして競争的資金への申請や獲得にかかる指標により教員を評価しようとする取り組みも行われていると言われる．

しかし，例えば大学側が教員に対し競争的研究資金の申請を強く求めたり教員評価に利用したりしようとした場合，教員に対し真に必要なものではない研究計画を記した応募を行う誘因が働くことも考えられる．そのような応募が増加することは，審査を行うレビュアーの負担を増大させ，審査の質を低下させるだけでなく，競争的資金そのものへの信頼性を低下させるリスクもある．

また，教員に対する業績評価においてもその妥当性について留意すべきである．論文により研究業績を評価しようとする場合，論文が掲載されるジャーナルのいわゆるインパクトファクターや，論文の被引用度，あるいは*h*-index と名付けられた業績指標など定量化された指標を用いることについては十分に慎重でなければならない．

このことについては，2012 年に開催された米国細胞生物学会評価に関するサンフランシスコ宣言の提言の中の大学に向けられた以下の言葉が参考になる（DORA，2012）．

> 雇用，任期，昇進の決定する際に用いられる判断基準が明示的であること，特にキャリアの初期段階にある研究者に対して，出版物の数量的指標やその論文が発表された雑誌がどのようなものであるかということよりも，その論文の科学的内容の方がはるかに重要であることを，はっきりと強調すること

学術研究の価値は一人一人の研究者の独創性によりもたらされるものであり，必ずしも競争的資金の獲得や成果論文の被引用度といった定量化できる指標のみで測定できるものではない．大学と所属する研究者の関係において

は，どのような評価の手法や基準が用いられるかという点から両者の間に信頼関係が醸成されることが学術研究の発展に何より重要であると考えられる.

◇参考文献

BIS (Department for Business, Innovation and Skills), 2011,「Higher Education: Students at the Heart of the System」(https://assets.publishing.service.gov.uk/government/uploads/system/uploads/attachment_data/file/31384/11-944-higher-education-students-at-heart-of-system.pdf 2020.2.2.)

Carnegie Classification of Institutions of Higher Education, 2019,「2018 Update Facts & Figures」(https://carnegieclassifications.iu.edu/downloads/CCIHE2018-FactsFigures.pdf 2020.2.2.)

DFG (Deutsche Forschungsgemeinschaft), 2019,「Excellence Initiative (2005–2017/19)」(https://www.dfg.de/en/research_funding/programmes/excellence_initiative/ 2020.2.2.)

DORA, 2012,「San Francisco Declaration on Research Assessment (研究評価に関するサンフランシスコ宣言)」(https://sfdora.org/read/jp/ 2020.2.2.)

IPEDS, Integrated Postsecondary Education Data System, 2018「Look up an Institutions」(https://nces.ed.gov/ipeds/datacenter/InstitutionByName.aspx 2020.2.2.)

閣議決定，2019，「統合イノベーション戦略 2019」，9

国立大学協会 (1)，2019，「国立大学法人基礎資料集　14　財政」，44

国立大学協会 (2)，2019，「2020 年度の運営費交付金の配分における共通指標の活用について (考え方の整理)」

Luther, James D., 2017,「Written Testimony, Examining the Overhead Cost of Research」, 4, 5

NISTEP (1) (科学技術・学術政策研究所)，2019，「科学技術指標 2019」，140

NISTEP (2) (科学技術・学術政策研究所)，2019，「科学技術指標 2019 統計集」，1，7，41

NSF, 2019,「Higher Education Research and Development Survey Fiscal Year 2018」(https://ncsesdata.nsf.gov/herd/2018/ 2020.3.1)

Nurse, Paul, 2015,「Ensuring a successful research endeavour: review of the UK research councils by Paul Nurse」(https://www.gov.uk/government/publications/nurse-review-of-research-councils-recommendations 2020.3.1)

Stern, Nicholas, 2016,「Research Excellence Framework (REF) review: Building on success and learning from experience」，6

豊田長康，2019，「科学立国の危機」東洋経済，452-456
UKRI（UK Research and Innovation），2019，「Research Excellence Framework」（https://www.ref.ac.uk/ 2020.2.2.）
Wilsdon, James, et al., 2015,「The Metric Tide: Report of the Independent Review of the Role of Metrics in Research Assessment and Management」

ABSTRACT

Research Evaluation and Resource Allocation: Implications for Reform Policy in Academic Research in Japan Described in Cases from the United States, Germany, and the United Kingdom

ENDO, Satoru

Japan Society for the Promotion of Science

Academic research productivity has fallen in Japan in recent years. For example, Japan' s top 10% of highly cited papers ratio is below the world average. It has been asserted that this stagnation is because of the inefficient research system present in Japanese universities. However, such discussion sometimes lacks sufficient evidence to evaluate academic research and funding to enable informed policy making. Universities in leading countries, such as the United States, Germany, and the United Kingdom exhibit high research productivity. This article describes the funding systems used in these countries to support research, especially in the context of a dual support system in which funding is conducted through both a competitive grant funding and stable block grant funding. The evaluation system of competitive grant funding and block grant funding are different, and it is important to understand the unique aspects of these funding mechanisms. In Japan, policy makers are discussing the possibilities for university reform in both competitive funding and block funding. This article explores some implications for the reform of the university research system in Japan.

大学教員の人事評価
―理論と実践からの示唆―

山本　　清

国際的な成果主義・業績主義の流れの中で，教員の人事評価がいかなる背景と理論を持っているか，また，どの程度我が国で適用されているかを個別大学レベルで分析した．得られた結果は，成果志向・業績志向は政府・文科省の大学改革により急速に強まり，人事評価の結果を処遇に反映させることも浸透しつつあることである．この背景には，NPMの成果主義とスタッフの業績に応じた報酬を与えることでモチベーションが高まるとする期待理論がある．しかし，大学教員の教育・研究・社会貢献の成果を同精度で組織への寄与を含め測定することは，容易なことではない．したがって，人事評価の展開に際しても，業績測定の改善や教員の動機づけ要素並びに報酬の財源などに注意を払う必要があろう．

1．問題認識

大学評価において教員の人事評価が議論されるのは，教育研究活動の基盤となるのが教員であり，組織の業績あるいは評価に際しても教員の活動に焦点をあてざるを得ないからであろう．組織の業績は構成員の業績の和ではないものの，研究面では共同研究を除けば個別の業績の積み上げが組織の業績や実力の基盤になる．また，教育面は学科や学部のカリキュラムや教職員と学生との学修活動で業績が規定されるが，その実現には個々の教員が教育目標に沿った教育活動を実施することが必要であり，適切な目標管理や見直しが要請される．こうした教員活動の評価は，我が国も含め人事考課や自己評

鎌倉女子大学

価の一環として従来からも専門分野や組織内部で実施されてきたから，いまなぜ注目されねばならないかと思う向きもあろう．その根源は，高等教育が拡大し，政府や社会からの資源投入が増加した結果，自律的な大学活動においても何をしたかを問う圧力が高まり，評価を通じて成果に関する説明責任を果たす必要性であろう．結論を先述すれば，大学の活動の増加に伴い，自律性と説明責任のバランスを確保する装置としての人事評価の役割を認識することである．人事評価は，能力評価よりも成果・業績に力点をおき組織評価との連動性を持つものに変容している．より高い成果を上げた教員を人事評価で特定化し給与等で報いようとする．したがって，外部利害関係者との関係を扱う組織戦略への活用や業務見直し及び資源管理としての人件費管理の手段としての機能を含むようになっている．

もちろん，自律性と説明責任はどちらかが過度に重視されれば社会的機能が低下する可能性がある．特に，教員の個人業績に評価が及ぶ場合は直接的に教育研究活動に影響を与えるから，評価がかえって自律性を制約し成果に悪影響[1)]をもたらす弊害（Pollitt 2006; Muller 2016; 小林 2019）を招きかねない．そこで，本稿では，次節で人事評価の目的と機能を理論面から整理し，人事評価でなぜ成果主義や業績主義が強調されるようになったかの背景を探る．そして，第 3 節では，教員の業績評価，特に業績給に関する実証研究の結果を要約し，外国での実例を紹介する．合わせて我が国での先進的な教員の人事評価の事例[2)]について考察する．我が国での実証研究では，目的や方法に関するヒアリング調査やアンケート調査が大半で実態に関する分析に及んでいない．これは，内部資料収集の限界も影響しているが，国立大学については法人化以降，大学ごとに役職員の給与等に関して詳細なデータが公表されており，また，私立大学についても先行事例では認証評価報告書に人事評価の導入から実施までが詳細な資料を含め掲載されているものがある．そこで，今回これら資料を活用して人事評価が意図したように運用されているかの検証をする．さらに，多くの実証結果では教員の人事評価はモチベーション向上や組織業績の改善につながっているとはいえないのに，なぜ，業績志向が強化される事態が拡大しているかのパラドックスに対する解釈と対策にふれる．最後に，得られた結論と含意及び今後の課題について述べる．

2. 人事評価の機能

2.1. 人事評価の目的と理論

教員評価とは，教員個人に関する活動なり業績を一定の評価基準に照らして評価することである．ただし，評価作業には時間と労力を要するから，評価はその費用に見合う，あるいは，上回る効果なり価値があるから実施される必要がある．人事考課は人事評価と似た概念であるが，能力や態度・行動も考慮されること及び個々人の成果や業績が明確に区分できない場合には能力や行動に焦点を置く[3)]．大学職員の人事評価では能力や行動・態度の項目が今でも中心であり，個別で活動貢献が認識できる大学教員とは異なる．

人事評価の特質は，組織評価が説明責任と業績改善を旨とするのと異なり，活動の主体たるヒトの行動や意欲に働きかけることにある．大学を含む組織の経営資源とされるヒト，モノ，カネのうち，ヒトについては組織の管理者が最適な資源投入や配分の決定を行っても，構成員（大学なら教職員，企業なら従業員）は計画したとおりの努力・行動をとる保証はない．モノとカネと違いヒトには意思があり，管理者はヒトに努力や成果を促すにとどまり，活動や成果には相当の幅がある（同じ能力でも結果に違いがでる）．最適な製造ライン（モノ）はいくつか，その整備に必要な投資額（カネ）がいくらかは，科学的に算出されその通り実施できるのと対照的である．そこで，人事管理では評価を通じて構成員たるヒトのモチベーションを向上させ，目標の計画値や期待値を実現しようとする．そのために使用されるのが誘因であり，給与や昇進などの処遇への反映が代表的な施策となる．ただし，個々のヒトの生産性なり成果を完全に予測・管理できないにせよ，同一職種の構成員の成果を継続的に観察すれば能力・成果の相対的な水準がわかるから，どの業務に適性があるかなどの人事配置や昇任・降格や退職の基礎データも得られる．

したがって，人事管理・人事評価の基礎理論はモチベーション理論が中心となっている．欲求が低次の生理的なものから高次の自己実現にいたる5段階説[4)]を唱えたマズローにはじまり，マクレガーはヒトの管理には2通りあり，低次欲求に対応するX理論と高次欲求に対応するY理論に区分した．そしてハーズバークはモチベーションが衛生要因と動機づけ要因の2つの異なる要因から構成されるとした．いずれもヒトは金銭的な誘因だけでモチベーションが決定されるわけでないことを示した．この流れを統合して一般化したのがブルーム（Vroom 1964）やポーター及びローラー（Porter and Lawler 1968）により完成された期待理論（expectancy theory）である．式1に示したのは簡略化したモデルであり，努力（I）が成果（O）を生み出す期待（E）＝主観確率＝P（I → O）と成果（O）により報酬（R）を得ることの期待価値（V）の積によりモチベーションの強さ（F）が規定されるとする．

$$
\begin{aligned}
&F = E \times V \\
&E = P(I \rightarrow O) \\
&V = \Sigma P(O \rightarrow R_i) V_i \\
&V_i = V(R_i)
\end{aligned}
\qquad (1)
$$

ここで，報酬には給与などの金銭的なもの以外に昇任や休暇・自由な時間あるいは希望職務への登用など非金銭的な様々な種類（i＝1, .., n）がある[5]とする．人事管理を賃金管理や成果給に限定しない包括的なモデルといえる．

労働経済学や組織の経済学分野でも，当初は合理的な雇用者と労働者（従業員）とみなし，雇用者は収益と費用（賃金）の差を大きくするように，労働者に対して最適な雇用契約を結ぶとするプリンシパル・エージェント理論[6]を展開した．しかしながら，実証研究で個々の労働者の作業効率に応じた賃金体系はかえって，労働者の意欲が低下し組織全体の生産性が低下して利益も減少することが認識され，モデルの改良がおこなわれた．複数の業務を同時に行う場合や複数のプリンシパルを有する場合，あるいはチームワーク的な労働形態や業績測定が困難な場合などに対応した最適契約が検討され，その結果は経営学でのモチベーション理論や公正理論とほぼ同じである．能率や成果と金銭的報酬を強く連動させることや賃金格差を設けることが組織全体にとってかえってマイナスの影響を与えることが明らかにされている[7]．その意味では，理論面では人事評価を給与などに連動させる人事管理には，慎重かつ限定的な運用が適切であるとされる．

他方，人事評価の導入や運用実態を探り，計画通りの運用がなされているか，あるいは，意図した効果が得られているかを検証する見地からは，新制度派組織論や社会学（DiMaggio and Rowan 1983; Scott 1995）が適用されている．組織の環境適応として制度の適用状況を把握する考え方であり，模倣や強制あるいは規範的な適用（異種同型性）は組織が環境（外界）から支持を得て持続可能性を維持するための適応行動とみなす．つまり，成果志向の流れが人事評価にも押し寄せているという解釈である．また，評価制度が適用される従業員等が上からの導入に対してなるたけ実効性がないよう新制度を緩やかな結合・疎連結（Weick 1976）や脱連結（Meyer and Rowan 1977）にしようとするため，効果があがらないとみる．

2.2. 大学における業績主義人事の背景

成果や業績を評価し，それを処遇に反映する成果主義・業績主義は，企業を含め学術的にも実務的にも無条件な適用論は少ない．それにもかかわらず，近年，高等教育分野では我が国を含め国際的に成果主義の人事管理が主張されている．その背景には，①高等教育のグローバルな市場主義，② NPM に代表される企業的経営の適用及び③社会の求める説明責任への対応の 3 つがあげられる．①は，高等教育がサービス財として国境を越える存在となり，その提供を担う大学がサービスの相手である学生と社会，そしてその主体たる教員・研究者をめぐるグローバル競争の状態[8]に突入していることである（Slaughter and Leslie 1997）．研究生産性が高い教員を採用し定着させることが，大学ランキングを高め優秀な学生と研究資金を確保するために不可欠となり，評価・評判（名声）と報酬が連動するようになった．②は，国際的競争時代の経営モデルとして企業経営的な大学運営管理が適用[9]されるようになり，その原型が 1980 年代からの行政改革モデルの新公共管理（New Public Management; NPM）であることである（Amaral et al. 2003）．NPM では成果志向と顧客志向及び市場原理を適用することから，人事管理でも成果志向の評価を行い給与などに反映させる．業績予算や配分と同じ流れである．③は高等教育進学率の上昇に伴い大学の数や学生数が増加し，社会との関係が強くなったことである．政府からの財源措置は先進国では伸び悩みあるいは漸減傾向にあるものの授業料は上昇し，家計負担は増加している．このため，経費の支出つまり教育研究活動の実績に関心が高まっており，成果に関するアカウンタビリティを求める声が大きくなっている．教育研究活動の状況の社会への情報開示が進められ，組織業績として教育・研究・社会貢献活動の結果を政府以外に学生や保護者及び企業等に対して公表する．高い自律性が付与されていることへの社会への責任は，成果の公表による評価を受けることであり，その大学組織内部への構成員への浸透が教員評価といえる．応答責任として組織単位でよいものが個人単位になっているのは，内部の質保証制度を通じて外部への説明責任を果たす，つまり，実質面でなく形式面で代替する[10)]ためである．

3. 大学教員評価の実態と事例

3.1. 我が国での教員評価の概況

教員評価は最近の傾向とされるが，教員への何らかの個人評価という意味ならば，人事考課・勤務評価を通じ制度的に長い歴史をもつ．国立大学であれば，教員公務員特例法第5条の2の評価は部局長が実施していたし，普通昇給を超えて行う特別昇給や教授などへの昇任も評価に基づくこととなっていた．法人化以降の教員評価との違いは，明確な成果の基準による評価があるかないかである．法人化の調査検討会議（2002）により，「成果・業績に対する厳正な評価システムの導入とインセンテイブの付与」（p22）を人事制度の視点とし「個人の成果･業績を評価するための制度を設けることとする」（p34）とされていた．これが，2019年度から国立大学の人事給与管理改革（文部科学省 2019）として徹底されたにすぎない．基盤的経費の運営費交付金について業績に基づく配分が2019年度は1000億円，うち成果に係る客観的な共通指標等に基づく配分が教育研究業績（480億円）とは別に人事給与･施設マネジメント改革状況（120億円）及び会計マネジメント改革状況（100億円）として示され，マネジメント改革と交付金が連動するようになった．業績評価の処遇への反映も評価ポイントして算定される．法人評価実務を担当した大川（2009）が指摘[11)]するように，国立大学法人評価を通じて人事評価制度の導入や処遇への活用が促進されてきたのである．

大学全体の人事評価は，文科省が委託調査で国公私立大学に2回実施したものが最も包括的で回収率も高く推移を概観するに適している．しかし，この分析は既に岸（2018）によりなされているので，ここではその概要を示すにとどめる（表1参照）．注目されるのは，私立大学の一部では法人化の2004年以前から実施していたこと，国公立大学は法人化以降に急速に実施され，現時点では私立大学の実施率が36%と国公立より低くなっていることである．まさに，法人化以降の状況は，文科省にとっては評価委員会を通じた政策誘導であり，国立大学では規範的な同型化により環境適応をしたと

表1　設置形態別の教員個人評価の導入と実施（単位：%）

	導入時期					実施率
	2003	2004	2005	2006	2007	全学で実施（2014年現在）
国立大学	10	8	8	29	22	89
公立大学	10	10	20	30	15	66
私立大学	25	10	10	13	16	36

出所：岸（2018）に基づき筆者作成

解釈できる．2019年度からは人事評価自体が業績予算の要素となり，より適用が促進されることになった．公立大学はすべてが法人化しなかったこと，私立大学は直接的な評価を受けなかったことから，各大学の独自の経営・教学方針の下で実施したため，国立大学との差が生じていると考えられる．

3.2. 実証研究と外国での事例

我が国で教員の個人評価が導入・普及しつつあるが，教員の個人評価結果を給与などの処遇に反映させること，つまり，業績給的な使用は果たして教育研究活動等の活性化につながるのであろうか．このテーマは，業績給・成果給の有効性に関する実証研究として民間分野及び公的分野（国立大学・公立学校を含む），専門職（医師，教員，研究者など）や一般職（事務職，労務職など）を通じて1970年代から国際的に取り組まれている．

大学組織は基本的に非営利法人または公的組織であり，民間の営利目的の企業組織とは異なる．そこで，非営利を含めた広義の公的部門での業績給の有効性に関する実証研究をレビューする．米国では英国に先行して連邦政府において業績給が1970年代から適用されていたため，今日までその効果の検証が新しいデータを追加して実施されている．そこで，包括的なレビューを行ったPerry et al.(2009)の結果[12]を要約する．彼らは先行研究のレビューが1977年から1993年までであったものを2008年まで拡大し，効果を検証している57論文を抽出し，図1の枠組みで分析した．図1は給与と成果の関係には給与システムや構造以外に構成員（従業員）属性，環境条件，組織特性，仕事（業務）の特性及び仕事への影響の5つの要素が関係するとした．この概念モデルは，基本的には[13]モチベーションの期待理論に基づくものといえる．給与を単なる金銭的報酬とみるのでなく非金銭的報酬も含めていて，組織成員間の相互作用や個人と組織の関係さらには仕事の種類や個人属性によって期待や価値が異なることを踏まえている．

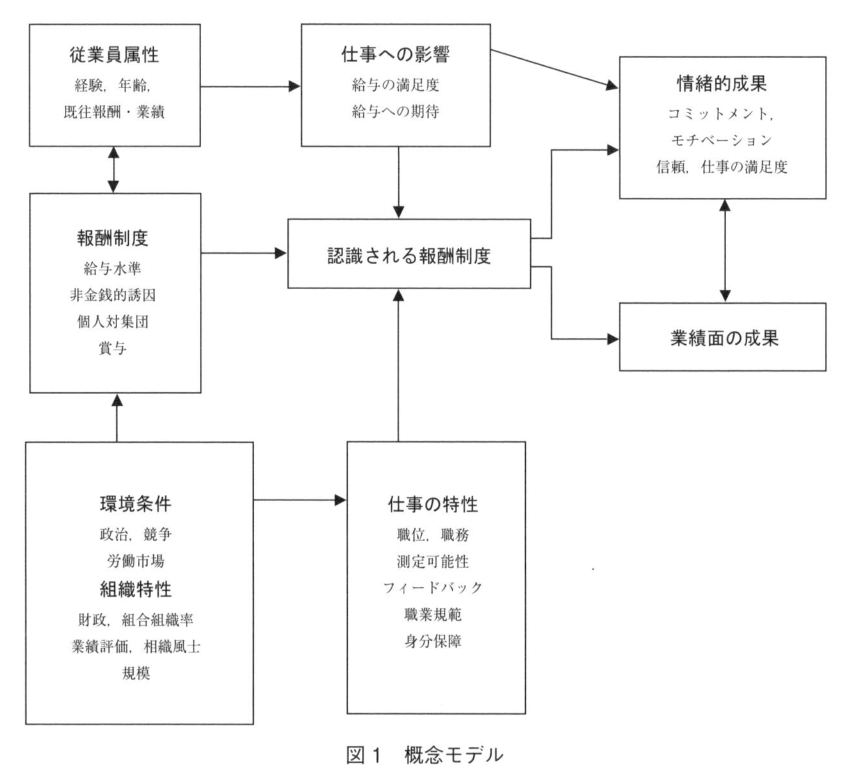

図 1　概念モデル

注：Perry et al.（2009: 41）を一部修正

その結論は，成果・業績給が情緒的な面でも業績面でも有効とはいえないという否定的なものであり，1993 年までの先行レビューを変えるものでなかった．特に，注目されるのは，57 の文献のうち手法として質の高い（時系列分析とランダム化比較実験）に限定した 14 について分析すると，4 つは負の効果，5 つはどちらともいえない，5 つは正の効果と，完全にばらついた結果になっていたことである．さらに 5 つの正の効果は，いずれも医療分野で歩合制の成果給であった．こうした理由として，①期待理論の前提条件が成立していないこと，②組織の特性を考慮していないこと，③他の理論の適用可能性があること，をあげている．①は，成果と報酬の関係が小さいとか誘因としての魅力が不足していること，あるいは，非金銭的報酬への配慮がないことなどからモチベーションの向上に結び付いていないということである．もちろん，この金銭的誘因の強度として不足しているのは，②の要素である財源の制約と関係し，公的部門では予算的に十分な財源が用意できないこと（企業のように構成員のモチベーション向上による組織業績の改善が利益の増加になり，それを報酬に振り向け，さらなるモチベーションの向上という好循環が成立しない）や予算の透明性の確保から事前に財源額を確定しておく必要があることが大きい．特に，公的部門（非営利部門も同じ）の職員・構成員のモチベーションは，金銭的報酬によって動機づけられるというより，社会的使命や公共的価値への貢献というものによる部分が大きいため，期待理論で非金銭的誘因を組み込んだものよりも，公共サービス価値（Perry and Handeghem 2008）や自律的決定の理論（Deci and Ryan 2004）がより適合しているのではないかという③の議論をもたらす．

かかる考察を踏まえ，今後の研究課題として，成果給・業績給そのものを単独でみるのでなく基本給との組み合わせ（一体型）として有効性を検証すること，個人でなく集団ベースの効果を確認すること及びより頑健な手法で効果を実証すること（期待理論の前提条件を満たした状態でのテストや長期的な追跡調査）を示している．

同じような結果は，オーストラリアの高等教育組合（NTEU）が2009年に行ったレビュー報告書でも報告されており，教員に対する業績給の有効性を確認する証拠はほとんど見いだせなかったとしている．また，メキシコやアルゼンチンの高等教育における業績給制度の実証研究でも負の副次的効果[14)]を報告するものがある．

実証研究に合わせ理論研究も，公的部門の特性を考慮した人事の経済学の展開は，成果が定量化しにくい労働環境や財源制約の場合には，成果と金銭的報酬の連動を強めるだけでは組織業績の改善につながらないことを因果関係的に説明している（Langbein 2010）．具体的には大学教員のように教育・研究・社会貢献（それに学内管理運営）の複数業務を同時に行う場合には，それぞれの業務の成果の測定を客観的に行うのは困難になり，誘因の強度を大きくするのは逆効果になる．また，成果給は金銭的誘因により動機づけられることへの拒否感を招き，非金銭的な内発的動機づけが低下して組織業績を悪化させる危険性もある．このほか，報酬に反映される成果指標への着目から構成員（教職員）の行動がゲーム的になり，目標値の設定を組織管理者は高めに，構成員は低めにし，コンフリクトをおこすこともある．さらには，学生支援での教職員の協働やカリキュラム改革や運用に際し教員間の協働が教育活動では重要になるから，過度の個人ベースの成果給は組織業績にマイナスになる可能性もある．これらの事態が起こる場合と事態回避の方策を経済モデル分析は教えてくれる．さじ加減は経済分析では正確に示せないが，どの種類の材料と味付けを考慮すべきか教える点で有用である．

次に大学組織に限定した外国での個別事例の分析に移る．最初は，適用の歴史と経験がある米国のサウス・カロライナ大学の例である．この州は財務管理でも業績予算の実績があり，成果志向が強いので先行事例になろう．成果給は pay for performance と呼ばれ，大学システムの政策文書（HR 1.37）では，教員で支給資格があるのは，以下の１以上の要件を満たしていることを部局長の文書[15]で明らかにしている．

① 一貫して優れた教育評価を得ていること
② 研究活動での顕著な業績
③ 公共・専門サービスでの優れた業績
④ 大学内外からの有力な賞の受賞

教育・研究・社会貢献のいずれかで顕著な業績があればよいことになっており，教員の業務のすべての項目の評価合計が優れていなくても適格性がある．その意味では，複数業務を行うことを前提に，付加部分の業績・成果給は特定業務に焦点をおく姿勢といえる．また，額は職員については基本給の15％という上限があるものの教員についてはない．しかしながら，州立大学であるため財源に制約はあり，業績給は部局の経常予算から支払うこととされ，管理者は十分な経常予算が財源としてあることを証明しなければならない．したがって，公的部門の財源制約を受け，財源の範囲で顕著な業績者に付加給を支払うことになり，実質的に額と人数が限られ期待理論の前提条件に適合する保証はない．

米国より遅れて適用されたオーストラリアでは先述したように組合は導入に否定的で適用の歴史は浅いが，実際の人事評価シートをクイーンズランド大学[16]について見てみよう．最新の自己評価様式（Form A: Academic Portfolio of Achievement for All Academic Staff）は教員について，①教育，②教育・学習に関する研究活動，③研究，④外部資金と出版，⑤社会サービス,⑥研修等の項目を大学の定めた指針に基づき記入することになっている.このうち,教育は①と②の両面にわたるが,②は教育改善のための実践やモデル・手法の開発指導であり,すべての教員が該当するものではない.①は教育コマ数(時間),教育評価,学位授与数,実習などでの指導,教材開発,教育表彰などから構成される.③と④が通常「研究」に区分される項目であり,質にかかる業績(表彰,招待講演,h指数[17]など),インパクト(特許,専門家としての助言,政策への寄与,メディアでのコメント),共同(メンター,国際共同,産学連携),研究補助金・受託研究,出版件数(査読あり・なし,雑誌ランキング,インパクト・ファクター)から構成される.⑤は社会貢献に相当するものであり,いずれも専門家として大学代表の仕事,学会活動,地域活動及びボランテイア活動である.⑥は専門資格などの取得,学会における継続教育等への参加による専門性の維持向上活動である.

一方,アジアで近年,急激な進展をみせており研究論文数などでは我が国を上回るようになっている中国の大学については,どうだろうか.井上(2018)による15大学(大学特性が異なる)の調査では,教員の個人評価項目は,我が国と類似して以下の4項目になっている.

① 研究(論文,研究プロジェクトの獲得,特許,受賞,専門書,学会発表・講演など)
② 教育(講義・演習,授業評価,教育プロジェクトの獲得,表彰,学生・院生指導,クラス担任等)
③ 管理運営(役職,大学行事への参加,特定業務の実施等)
④ 社会貢献(学外の審議会・委員会,学会活動,審査,マスコミ,国政への貢献,国際学会への出席,公開講座等)

違いは,中国の大学では業績と誘因(インセンテイブ)に強い関係があること及び研究業績における国際的基準の重視である.誘因には,昇給,報奨金,研究費,表彰,博士学生への割り当て等がある.特に基本給が高くない中国の大学では,高い報奨金や研究費は,報酬面及び研究活動面(特に研究業績の向上)で効果的であるとされる.もっとも,成果・業績の報酬や研究への反映は,大学の重点化・拠点化政策とあいまって研究予算の大幅な増額によって裏付けられており,我が国のようなゼロサム・ゲーム的な状況とは異なる．期待理論の前提条件が整備されている．こうした状況下で，研究志向が教員評価で高まり教育や管理運営への活動が低下していることも報告されている．

限られた事例から結論を出すのは避けねばならないが，興味深いのは，米・豪では教員評価に管理運営という項目がないのに対し，日中では管理運営も教員の職務として評価対象にしている傾向である．米英系では大学スタッフの職務が教育研究（アカデミック）スタッフと専門的スタッフ及び管理事務スタッフに区分されており，事務や支援スタッフも教員に対して十分配置されているからであろう．また，評価と報酬の関連付けは基本給の付加あるいは賞与として実施され，教員間の報酬差は主として大学・学部・職位（教授・准教授・講師等）と採用時の評価によって決定される部分が大きい．現在の職位を前提とした教員に対するモチベーションの誘因制度として運用されている．

3.3. 我が国での事例

我が国での教員評価は先述した通り，国立大学の法人化以降に全国的に普及しつつある．ただし，処遇に具体的にどのように反映させているか，あるいは，どのような効果があったかについて特に私立大学については明らかになっていない．こうした状況で近畿大学での人事評価は，大学基準協会による認証評価結果報告書（平成19年度）の「第17章　教・職員評価システムの導入」に詳細な経緯と結果に関する記述があり，例外的といえる貴重な資料である．そこで，最初に近畿大学の事例を検討する．同大学における評価導入の契機は，平成12年度の大学基準協会による相互評価（「近畿大学自己点検・評価報告書」）において「本学が個性輝く大学として21世紀に存続していくために，……まず，教育，研究，運営における教員の業績を適切に評価し，優れた業績をあげた教員，才能ある教員を優遇する評価システムを確立する」とあったことによる．検討を直後に開始し平成14年4月1日に「学校法人近畿大学教・職員評価に関する規定」を制定し，大学教員のみならず全法人の教員・職員を対象に評価を開始した．その目的は規定にあるように人材育成と学園の活性化にあり，その評価項目も当初の教育・研究・運営以外に社会貢献を加えた4つとし，S，A，B，C，Dに区分される評価の処遇への反映は，優れた教員には特別手当を，2年連続劣った教員には賞与を減額するようにした（表2右欄参照）．公表された資料では教員と職員（A，

表２　大学の教員評価の比較

項目	岡山大学	大阪府立大学	近畿大学
名称	教員活動評価	教員業績評価	教員業績評価
開始時期	2008 年	2011 年	2002 年
目的	教育研究活動の活性化 教育研究の質の保証 社会への説明責任 処遇への反映	教育研究活動の活性化 大学運営の改善 社会的説明責任	人材育成 学園の活性化
評価項目	教育，研究，社会貢献，管理運営	教育，研究，社会貢献，大学運営	教育業績，研究業績，管理運営活動，社会活動
評価区分	4 特に優れている 3 優れている 2 適切である 1 問題あり	S　顕著な成果があった A　成果があった B　やや成果があった C　成果が不十分であった	S　極めてすぐれている A　すぐれている B　標準 C　やや劣る D　劣る
評価の活用	優れた教員に対して一層の向上を促す 問題教員に対して適切な指導・助言等による活動の改善を促す	教員活動・組織への運営改善・向上に役立てる 処遇に適切に反映	賞与支給時（夏季手当・年末手当）に反映

出所：各大学の資料に基づき筆者作成

B，C 評価）を比較するためか，教員の評価も A，B，C の 3 区分となっており，それぞれの割合は平成 14 年度から 17 年度までに大きな変化はなく，A は 24.3～28.8%，B は 66.8%～73.3%，C は 2.4%～4.4%となっている．したがって，基本的には加点方式に近い形式になっている．ただし，A 評価者に支給する特別手当の財源は平成 13 年度までの賞与（6,525 × 月例給与 + 202,750 + 住宅手当 1.0 か月分）から（0.095 × 月例給与 − 350）を削減して確保（162,100 千円）され，新たに特別手当に充当された 132,100 千円を上回っている．つまり賞与改革と人事改革が同時に実施されている．

こうした点から，将来の具体的方策として①公平性，透明性の向上（評価結果への納得性を得るため），②教育業績評価指針の策定（授業評価の適切な反映），③やる気を引き出す評価制度の工夫（加点主義の徹底，顕著な成果を挙げた者への飛び級昇任，評価の著しく低い者の降格），④組織評価（個人単位でなく部局の業績評価で法人使命の達成や業績向上），⑤評価結果の公開（優秀な A 評価者の氏名公表），⑥特別手当の増額・月例給与への反映（特別手当の差額は年収の 1.0～1.5%）があげられている．概ねこの方策は期待

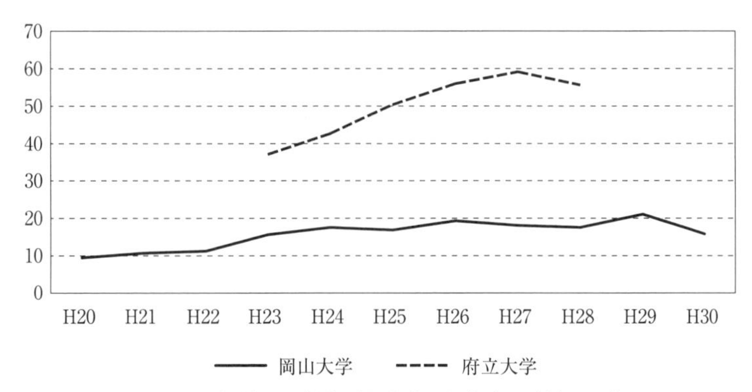

図２　評価結果の推移（最上位の評価者の割合：％）

出所：各大学の評価報告書に基づき筆者作成

理論に基づくモチベーションを高めようとするもので評価できるが，大学における業績測定の客観化の困難性や教員間の協働努力の必要性にも配慮することが先行研究から要請される．

一方，近畿大学から少し遅れ法人化を契機に導入した国立大学法人の岡山大学と公立大学法人の大阪府立大学についてみてみる（表２の左・中欄参照）．両大学とも国公立大学としては早期から教員評価の制度化に取り組んでおり制度の運用実績を把握するのに適切であるためである．特に岡山大学では処遇への反映がなされ，文科省・産業界だけでなく教職員団体からも注目されてきた．また，大阪府立大学は大阪市立大学との統合構想が橋下知事のもとで打ち出され，成果主義の影響として関心を集めた．しかしながら，評価の目的や基準・項目については，近畿大学と比較しても大きな差はなく，むしろ，評価の運用実態に焦点をあてるのが妥当と考えられる．そこで，設置者や管理者からの成果主義に大学の現場でどのように対応がなされたかをしるため，評価結果の推移を分析する．図２は個人評価の導入後に最上位評価者（「4：特に優れている」及び「S：顕著な成果があった」）の割合がどのように推移したかを岡山大学と大阪府立大学で比較したものである．明らかなのは，大阪府立大学でＳ評価の割合が上昇傾向で３年目に全体の５割を超えているのに対し，岡山大学はピークの平成29年度で２割程度であり30年度には15.8％に戻っている．このことは大阪府立大学で評価のインフレーション化が起こっている可能性をただちに示すものではないが，むしろ管理者側が

Sの基準を満たせばその評定にするという運用（絶対評価的）をしているか教員側が評価に対応した行動（より高い評定を受ける）をしたことをうかがわせる[18]．逆に岡山大学は「特に優れている」の基準が厳しいか相対評価的な運用をしていると想定される．定員枠がある昇任や財源に制約がある特別手当・賞与に反映させようとするならば，相対評価で割合を制限する必要があり，反対に組織業績の管理として目標達成や推移をみる目的ならば絶対的評価で十分である．ただし，大阪府立大学では評価を処遇に反映するとしているから，全体としてS評価の増加傾向は反映の程度を低くせざるをえない．

国立大学の人事評価の例として文科省のガイドラインにも参考例とされる岐阜大学では毎年度の教員評価に加え，6年ごとの業績評価（関門評価）を実施している．具体的には，35歳，41歳，47歳，53歳及び59歳に達する年度に前年度までの6年間の貢献度を5段階で評価し，評価結果は昇給に反映されるほか，極めて顕著な場合には表彰，サバテイカル，学内委員免除などの報酬が与えられる．他方，年度評価は在職期間に応じた期末手当と勤務成績及び在職期間に応じた勤勉手当から構成される賞与に反映される．ただし，賞与反映部分は極めて小さい．勤勉手当で「特に優秀」，「優秀」，「良好」，「その他」に区分され，成績率に応じて算定されるが，報告書によると教員の場合，賞与全体は平均を100としたとき，最大で104.4，最小で95.9であり，その差は±4%程度にすぎない．教員の平均値は所定内給与6434千円に対し賞与は2464千円であるから，賞与の金銭的誘因の程度としては小さい（±約100千円）．現実の年間給与において教員間でどれだけの差異が生じているかは，年齢別・職種別の賃金曲線が平均値と第1四分位と第3四分位について示されている．それによれば，52～55歳では約2000千円，48～51歳及び56～59歳で約1500千円の差があり，主としてこれは賞与を除いた級別の違いによるものである．年度評価による賞与への反映の誘因効果は小さい．したがって，常勤で任期なしの教員であれば，昇任あるいは関門評価での昇給や非金銭的誘因の方が報酬として有効であろう．

我が国では業績評価と能力評価が明確に区分されていないため，評価を昇任や降格へも活用するとしている大学がある[19]．しかし，能力評価は必要な職務能力を満たしているか，業績評価は実績（業績）が期待（目標）に比してどうだったかをみるものである．能力評価は昇任・昇級に，成果評価は賞与・昇給に反映させるのが本来の機能である．

また，伝統的な年功制と職階制を組み合わせた人事制度を成果志向の業績評価制度に移行する場合，成果を挙げた者に処遇で報うよう絶対評価の加点方式（同時に，標準的な成果の者には減点しない）を採用しようとすると財源確保（従来の給与額より増額）が必要になってくる．企業のように全員が努力して業績を高めた場合に，利益を原資にして配分することが非営利の大学ではできないから，あらかじめ財源を確保しておくか，相対評価で財源措置を不要（財政中立）にするかの選択に迫られる．しかし，この方式では大きく増額する者と減額になる者がでてきて導入反対につながる．そこで，財政に余裕がない大学では，一層の財源確保の努力が求められる．ところが，現状は個別の大学が成果主義・業績主義の人事を期待理論等のシナリオに沿って運用する場合，政府段階，高等教育の所管省段階，個別の大学段階で財政事情から大きな制約を受ける．

第一の政府段階は，新規政策を実施するため基盤的な経費を削減し，競争的な経費を増やして対応する．すると，人件費も安定的な要素と流動的な要素に区分される．そして，第二段階では文科省の大学セクターへの財政支援（交付金及び補助金）において基盤的部分が削減され，業績・成果的な部分が増加する．第三の大学段階では，成果主義の政策誘導を受けて，業績給などへの対応財源を留保するため，経常的な人件費や物件費が削減される．このように，成果主義を実施機関の現場で実行しようとすると，財源のスライシングを繰り返すことになり，モチベーションに十分な財源確保が不足する．かかる状況では，常勤の任期なしスタッフの人件費予算は削減されるから，一部の人員に対してのみ加点主義で十分な報酬を与えられるにとどまる．

4. 結論：教訓と課題

4.1. 教訓と含意

国際的な成果主義・業績主義の流れの中で，教員の人事評価がいかなる背景と理論を持っているか及びどの程度我が国で適用されているかを個別大学レベルで分析した．得られた結果は，国際的な教員や学生の獲得競争が我が国では本格化していないが，成果志向・業績志向は政府・文科省の大学改革により急速に強まり，人事評価の結果を処遇に反映させることも浸透しつつあることである．この背景には，NPM の成果主義とスタッフの業績に応じた報酬を与えることでモチベーションが高まるとする期待理論がある．そして，スタッフの業績が個別に把握でき客観的に測定可能なこと，モチベーションを高めることが個別業績及び組織業績を高めること及び業績向上の誘因として十分な報酬を用意することが前提とされている．しかし，大学教員の教育・研究・社会貢献の成果を同精度で組織への寄与を含め測定することは，容易なことではない．組織の経済学が教えるように測定誤差が大きい場合や複数の業務を実施する場合には，成果と報酬の連動性や業務の重みづけを弱める方が適切である．したがって，人事評価の展開に際しても，業績測定の改善や教員の動機づけ要素並びに報酬の財源などに注意を払う必要があろう．

4.2. 課題と展望

先行研究のレビューでは人事評価の効果は確定的でなく，効果の測定や評価も組織の成果・業績そのものよりも個々の組織成員のモチベーションや主観的評価に焦点をおいたものが多い．事例にあげた個別大学においても教員評価の導入及び処遇への反映が，モチベーションの向上や教育研究の活性化につながったかの客観的な効果の検証には至っていない．それでも，政府や社会からの成果・業績志向の圧力は国際化・財政悪化の流れのなかで，説明責任の強化とともに高まっている．「努力して成果をあげた者に報いるのは当然ではないか」という素朴な感覚にも訴える成果主義に高等教育がどう対処するかが問われている．自主性・自律性を侵害するから導入反対という姿勢以外に，その適用にはどのような効果があるのか，意図せざる負の効果は制度が期待する効果より大きいのか，負の効果は避けられないかの実証的かつ理論的な研究が必要である．幼児教育の生涯に及ぶ効果が近年叫ばれているが，高等教育は人類の経済的・社会的・文化的発展の基盤であるとされる．大学の人事評価についても長期にわたる包括的な追跡調査研究を実施することが望まれる．

◇注

1）評価には薬と同じく正と負の両面がある．適切に使用すればよい結果を得られるが，処方通り使用しないときや適合しないと悪い結果をもたらす．Pollitt は評価情報，Muller は業績評価に着目し，その過多を「専制」と呼んだ．

2）法人化直後の事例研究としては，佐々木ら（2006）による先行研究がある．

3）人事考課制度は成績考課，能力考課及び情意（態度）考課の3つ（楠田1981）からなる人事評価制度であり，我が国の伝統的なものとされる．近年の成果主義は成績考課を目標達成度評価に取り換えたものとされる（高橋 2011: 23）．

4）生理的欲求，安全・安心欲求，社会的欲求，認知欲求，自己実現欲求の順に高次元になると考えた．

5）大学教員への報酬も給与などの金銭的報酬以外とサバティカルや役職免除などの非金銭的報酬に分かれる．その意味で成果主義を金銭的報酬との連動のみに着目するのは一面的といえる．

6）組織を本人（プリンシパル）と代理人の間の契約関係の連鎖とみなす．

7）Lazear（1989）を参照．

8）学術資本主義（academic capitalism）とも称される．また，カナダでも優秀な教員が待遇の良い米国の有力大学に流出し，業績主義による有能な教員の引き留めの必要性が主張されている（Rubenstein 2000）．

9）規範的な同型化現象ともいえる．国際機関であるOECDなどがNPM的な改革や論理を展開・普及させている．

10）ランキングが上昇したので教育研究活動が高まったと説明する論理は，自らの実質的な大学の業績が上がったことを説得的に証明できないことも影響している．

11）当時，岩手大学で評価事務を担った大川（2009）は「国立大学にとっては，この法人評価というのが教員個人評価実施の『エンジン』になっていた，そんな感じがあります」と振り返っている．

12）この論文に依拠するのは過去3回の包括的なレビュー結果と対比可能なこと及び57件の分析対象に政府，企業，非営利がすべて含まれていることによる．

13）業績給の理論として彼らは期待理論を基本としつつ，スキナー（Skinner 1974）の「強化理論」（reinforcement theory）をあげている．良い業績をあげると高い報酬が与えられ，悪い業績では低い報酬になるから，反復学習として高い報酬が高い業績をもたらすようになるという考え方である．

14）メキシコの業績給制度は欧米以上に給与に占める割合が高く学術ランクが高い教員では約5割に達する（Galaz-Fontes and Gil-Antón 2013）．このため，教育から研究に活動がシフトする．アルゼンチンでは業績給が20年以上継続しているが，予算削減により給与への反映よりも名声的な色彩が強くなっているという（Sarthou 2019）．

15）部局長が証拠書類を付して証明する．

16）クイーンズランド大学はクイーンズランド州の最も権威ある州立大学でありTHEの世界ランキングで近年で50位から100位に位置する総合大学．

17）h指数とは，J. E. ハーシュが考案した指標で，論文数と被引用数とに基づいて研究者の相対的な貢献度を示す．ある研究者について被引用回数がｈ回以上である論文がｈ本以上ある最大数ｈをさす．

18）統合相手の大阪市立大学も同じ S，A，B，C の４段階評定を使用しているが，平成 23〜26 年度の S 評価は 11.2％，平成 26〜28 年度の S 評価は 13.1％と微増である．

19）近畿大学では前述したように昇任や降格に活用したいとしており，国立大学も「人事評価の結果を基礎資料とし，職員が職務を通じて発揮している能力（職務遂行能力）によって任用及び給与（昇格，昇給，勤勉手当）等の処遇へ反映させている」（岐阜大学の場合）としている．

◇参考文献

Amaral, Alberto, Meek, Lynn V., and Larsen, Ingvild M., 2003, *The Higher Education Managerial Revolution?* , Dordrecht: Kluwer Academic Publishers.

Deci, Edward L., and Ryan, Richard M., 2004, *Handbook of Self-Determination Research*, Rochester: University of Rochester Press.

DiMaggio, Paul J., and Powell, Walter W., 1983, “The Iron Cage Revisited: Institutional Isomorphism and Collective Rationality in Organizational Fields,” *American Sociological Review*, 48(2): 147–160.

Galaz-Fontes, Jesús F., and Gil-Antón, Manuel, 2013, “The Impact of Merit-Pay Systems on the Work and Attitudes of Mexican Academics,” *Higher Education*, 66(3): 357–374.

井上侑子，2018，『中国の大学における教員業績評価―世界レベルの大学構築を目指して―』日本学術振興会．

岸真由美，2018，「日本の大学における教員評価の現状（二つの報告書から）」佐藤幸人編『21 世紀アジア諸国の人文社会科学における研究評価制度とその影響』研究成果報告書：59–72.

国立大学等の独立行政法人化に関する調査検討会議，2002，「新しい『国立大学法人』像について」

小林信一，2019，「大学改革と数字の物語」『科学』89(10)：891–898.

楠田丘，1981，『人事考課の手引』日本経済新聞社．

Langbein, Laura, 2010, “Economics, Public Service Motivation, and Pay for Performance: Complements or Substitutes?,” *International Public Management Journal*, 13(1): 1–15.

Lazear, Edward P., 1989, “Pay equality and Industrial Politics,” *Journal of Political Economy*, 97(3): 561–580.

Meyer, John W., and Rowan, Brian, 1977, "Institutionalized Organizations: Formal Structure as Myth and Ceremony," *American Journal of Sociology*, 83(2): 340–363.

文部科学省，2019，『国立大学法人等人事給与マネジメント改革に関するガイドライン』

Morris, Leanne, 2005, "Performance Appraisals in Australian Universities-Imposing a Managerialistic Framework into a Collegial Culture," paper presented at the Association of Industrial Relations Academics of Australia and New Zealand, Sydney.

Muller, Zerry Z., 2018, *The Tyranny of Metrics*, Princeton: Princeton University Press.

National Tertiary Education Union, 2009, *The Effectiveness of Performance-Related Pay (PRP): A Review of the Literature*, Melbourne: NTEU.

大川一毅，2009，「国立大学における教員個人評価の進捗状況と今後の課題―FD講習会より―」『大学教育研究』18：63–110.

Perry, James L., and Handeghem, Annie, 2008, *Motivation in Public Management: The Call for Public Service*, Oxford: Oxford University Press.

Perry, James L., Engbergs, Trent A., and Jun, So Y., 2009, "Back to the Future? Performance-Related Pay, Empirical Research, and the Perils of Persistence," *Public Administrative Review*, 69(1): 39–51.

Pollitt, Christopher, 2011, "Performance Blight and Tyranny of Light? Accountability in Advanced Performance Measurement Regimes," Dubnick, Melvin J. and Frederickson, George H., eds., *Accountable Governance: Problems and Promises*, New York: Sharpe: 81–97.

Porter, Layman W. and Lawler, Edward E., 1968, *Managerial Attitudes and Performance*, Homewood: Richard D. Irwin.

Rowley, Jennifer, 1996, "Motivation and Academic Staff in Higher Education," *Quality Assurance in Higher Education*, 4(3): 11–16.

Rubenstein, Hymie, 2000, "Rewarding University Professors: A Performance-Based Approach," *Public Policy Sources*, No. 44: 1–40, Vancouver: The Fraser Institute.

Sarthous, Nerina F., 2016, "Twenty Years of Merit-Pay Programme in Argentinean Universities: Tracking Policy Change through Instrument Analysis," *Higher Education Policy*, 29: 379–397.

佐々木恒男・齋藤毅憲・渡辺峻，2006，『大学教員の人事評価システム』中央経済社.

Scott, Richard W., 1995, *Institutions and Organizations*, Thousand Oaks: Sage.

Skinner, Frederic B., 1974, *About Behaviorism*, New York: Random House.

Slaughter, Shelia and Leslie, Larry L., 1997, *Academic Capitalism: Politics, Policies*

and Entrepreneurial University, Baltimore: Johns Hopkins University Press.
高橋潔，2011，「人事評価を効果的に機能させるための心理学からの論点」『日本労働研究雑誌』No. 617：22–32.
Vroom, Victor H., 1964, *Work and Motivation*, New York: Wiley.
Weick, Karl E., 1976, "Educational Organizations as Loosely Coupled Systems," *Administrative Science Quarterly*, 21(1): 1–19.

ABSTRACT

Personnel Evaluation for Faculty Staff: Implications from Theory and Practice

YAMAMOTO, Kiyoshi
Kamakura Women's University

Within the international movement toward results and performance-based management in higher education, we explore the background and theory of the personnel evaluation of academic staff at the institutional level and to what extent it is implemented in Japan. The main findings are that the results and performance-oriented personnel system have been rapidly strengthened by university reform carried out by the government and the Ministry of Education, Culture, Sports, Science and Technology (MEXT). Using the results of personnel evaluations to assign pay increases has also become widespread. The thinking of the new public management (NPM) approach and expectation theory holds that the rewarding staff performance can increase motivation. However, it is not easy to measure the results of the teaching, research, and public services of the academic staff or their other contributions to the institution with the same accuracy. It is therefore necessary to consider the relationships between performance measurement, staff motivation, and the financial resources to administer rewards in developing the personnel evaluation systems.

大学における教育の評価とマネジメント
―内部質保証の推進課題としての捉えなおし―

鳥居　朋子

今日，質保証の観点から，教育の評価とマネジメントに関する課題を大学の内部質保証の推進課題として捉えることが必要となっている．本稿は，大規模大学の立命館大学および関西大学，小規模大学の清泉女子大学における内部質保証システムや教学IRの実践等に関する特質および課題を検討する．これらの大学は，いずれも2018年度に大学基準協会による第3期認証評価において適合となっている．たとえば，立命館大学は教学，教育研究等環境，入試，学生，大学運営・財務，社会連携の部門等に適切に対応した内部質保証システムを活用しており，そのシステムは大学の重層的な組織構造を認めるものとなっている．三つの大学の事例検討を通じて，大学におけるプロアクティブな教育の評価とマネジメントのあり方について論じる．

1. はじめに

1-1. 大学における教育の評価とマネジメントをめぐる背景

人間の教育や知識の創造を担う大学が公共財としての性格を備えているのであれば，社会からの多様な要請に対応するのは当然のことと見なされるだろう．今日，説明責任の観点から，大学の教育・研究・社会連携等の活動状況についての自己点検･評価とその結果の公表が要請されている．なおかつ，質保証の文脈で，個々の大学がエビデンスに基づきながら教育の質の検証を継続的に実行し，着実に改善につなげていくことが求められている．では，

立命館大学

こうした要請に大学が受け身の姿勢で応じるのではなく，評価に主体的に向き合い，自らのマネジメントの課題として取り組んでいくにはどうすればよいのか．これが，大学に軸足を置きながら，プロアクティブな教育の評価とマネジメントのあり方について検討を試みる本稿の基本的な問いである．

日本では，1991年の大学設置基準改正により大学の自己点検・評価に努力義務が課されてから約30年が経つ．1999年の同基準の改正では，自己点検・評価の実施と結果の公表が義務化されるとともに，その結果の学外者による検証に努力義務が課された．さらに，2002年の学校教育法改正により，自己点検・評価の実施と結果の公表にかかわる規定が法律上明示される．2004年度からは認証評価制度が始まり，学校教育法に基づき，国公私すべての大学，短期大学，高等専門学校に対して，7年以内に1回（専門職大学院は5年以内に1回），文部科学大臣の認証を受けた評価機関による第三者評価，すなわち認証評価の受審が義務付けられた．現在，認証評価は第3期に入っている．

1-2. 内部質保証システムと教学マネジメントの概念

第3期認証評価では，各大学が内部質保証システムを構築するだけではなく，そのシステムを有効に活用することが求められている．結論をやや先取りすれば，とくに教育の評価とマネジメントに関する課題は，こうした内部質保証の推進をめぐる実践的な課題に置き換えられつつあると見なせる．さらに内部質保証は，個々の大学において質保証に対する当事者意識を一層喚起する概念として，大学の組織運営に多様な立場から関与する人びとに新たな枠組みを提示している．大学基準協会によれば，大学の「内部質保証」（internal quality assurance）は，「PDCA（Plan-Do-Check-Act：筆者注）サイクル等を適切に機能させることによって，質の向上を図り，教育・学習等が適切な水準にあることを大学自らの責任で説明・証明していく学内の恒常的・継続的なプロセス」（大学基準協会 2017）を意味する．さらに，内部質保証を評価するにあたっては，大学独自の内部質保証のストーリーを作ることが重要とされている（工藤 2019）．そもそも使命や教育理念の異なる大学が，各々の方針や方法で内部質保証を追求することは，大学の多様性や自律性を尊重する点からも自然なことだろう．

とは言え，この間，各大学は評価にかかわる取り組みについて試行錯誤を重ねてきた．それは技術的な意味での適切な評価手法の探求に限らない．日常的にキャンパスで展開されている教育・研究・社会連携等のさまざまな営みに，PDCAサイクルという規範的なモデルを適用しつつ，大学全体として体系的なシステムが運用されるよう再構築を図るものであったと見なせる．こうした規範は，とくに「三つの方針」と総称される「卒業認定・学位授与の方針」（ディプロマ・ポリシー），「教育課程編成・実施の方針」（カリキュラム・ポリシー），「入学者受入れの方針」（アドミッション・ポリシー）の策定や，エビデンスに基づく意思決定を支えるInstitutional Research（機関調査，以下IRと略記）の開発および効果的な運用を後押ししている．「機関の計画策定，政策形成，意思決定を支援するための情報を提供する目的で，高等教育機関の内部で行われるリサーチ」（Saupe 1990: 1）を指すIRは，「リサーチ」ではあるが，単なる学術研究や調査ではなく，大学の計画策定，政策形成，意思決定を支援するための実践志向の強い調査分析活動である．私立大学連盟加盟校を対象に絞ったものだが，最近の調査結果において，個々の大学がIRの専門部署の設置や専門スタッフの配置を行っている状況が確認できる（日本私立大学連盟教育研究委員会 2019）．回答した99大学のうち75.8％が全学レベルのIRを，2.0％が学部・学科等レベルのIRを推進している点から，IR機能の導入や組織化が各大学で進展している様子が窺える．

さらに2019年12月には，各大学が内部質保証のPDCAサイクルを推進し，自ら策定した三つの方針に基づく教育の取り組みを実効性あるものとするために必要な手法等として，「教学マネジメント指針（案）」（中央教育審議会大学分科会教学マネジメント特別委員会）がまとめられた．同指針（案）は，教学マネジメントを「大学がその教育目的を達成するために行う管理運営」[1)]と定義した上で，大学の内部質保証の確立にも密接にかかわる重要な営みであるとしている．ここから，大学が展開する教育・研究・社会連携等の多様な取り組みの中でも，とくに教育に関する内部質保証システムの運用を支える自律的な営みが教学マネジメントに相当すると理解できる．

1–3. 大学における実践の問題状況

これまでも，大学の説明責任や国際通用性等の文脈で，「質保証や評価は，単に作業の技法や対応のみならず，組織の総合的な学内マネジメントの力量が問われること」（大学評価・学位授与機構 2010: 56）に均しいという見方が示されてきた．だが，過去30年の間に，学内での試行錯誤やそこから得られた経験知が執行部や評価の担当者以外の大学構成員に広く共有され，組織の隅々にまで文化として浸透したとは言い切れないだろう．いま，各大学は学生の成長･発達を期して，単に説明責任や法令遵守の観点から評価に「受け身に対応する」のではなく，大学の能動的な構えとして，いかに評価結果を主体的に活用し継続的な改革サイクルを自律的に機能させるのかが問われている．なおかつ，教育活動の効果検証については，学習成果をエビデンスによって可視化し，目標との関係において評価することが重視されている[2)]．

しかし，実践における組織体制等の視点に立てば，教育プログラムの評価や学習成果の測定を含む自己点検・評価の継続的な取り組みは，相応の時間や人的コストを必要とする．それゆえ，大学構成員の理解に基づく主体的な関与や部局間の連携協力がなければ，その大学にとって真に意味のある内部質保証システムとはならない．とりわけ認証評価をはじめとする第三者評価の受審は，短期集中型のイベントや一部の担当者による献身的な努力に止まりがちである．いかに大学構成員の当事者意識を涵養し，内部質保証の主体的な取り組みの継続性を高めていくかという問題は，学内の質の文化を醸成する上でもきわめて重要な課題である．

1-4. 先行研究の状況および本研究の課題

これまでのところ，個別大学の自己点検・評価や，認証評価とIRの関係等に関する検討はいくつか認められる（荒木・山咲 2019，鳥居・森 2019，鳥居 2020）．しかし，第3期認証評価がスタートして間もないこともあり，大学の組織構造の特性をふまえつつ，内部質保証システムの有効な運用や組織的な課題に着目しながら，教育の評価とマネジメントのあり方を検討した先行研究の蓄積は薄い．そこで，本稿では今後の大学における教育の評価とマネジメントのあり方に関する示唆を得ることを目的に，大学基準協会等が実施した全国調査の結果に基づき，大学の教育に主眼を置いた評価の状況を概観した上で，第3期認証評価で「適合」の結果を得た複数の大学の内部質保証システムや教学IRの実践等を検討する．したがって，事例検討においては，大学基準協会による2018年度の機関別認証評価の結果がすでに判明している私立大学が主となることを断っておきたい．わけても，内部質保証システムの運用において組織横断的な調整を要すると想定される大規模大学のうち，とくに部局の自律性を尊重した内部質保証（立命館大学）や根拠に基づく教育改革（関西大学）が高く評価されている二大学に視点を投じる．

さらに，それらと比して部局数が少なく，学科・専攻レベルの質保証に取り組む小規模大学（清泉女子大学）に着目する．具体的には，先行研究の成果に立脚しつつ，各大学の「点検･評価報告書（大学基準協会提出用）」や「大学評価（認証評価）結果」，内部質保証に関する学内資料を中心に，各々の大学において内部質保証を推進するキーパーソンへのヒアリングで得られた情報等を分析対象とする.これらの検討を通じて,大学におけるプロアクティブな教育の評価とマネジメントのあり方についての示唆を提示する.

2. 大学の自己・点検評価に基礎を置く内部質保証システム

2-1. 三つの側面へのまなざし

大学基準協会によって例示された内部質保証システム体系図（図 1）がメッセージを発するように，大学の組織構造の重層性に照らし，大学─教育プログラム─授業の三つの側面においてエビデンスに基づいて質を検証し，なおかつそれらを有機的に連携させることが内部質保証の推進課題の要となっている（大学基準協会 2015）．しかし，こうした三つの側面における PDCA サ

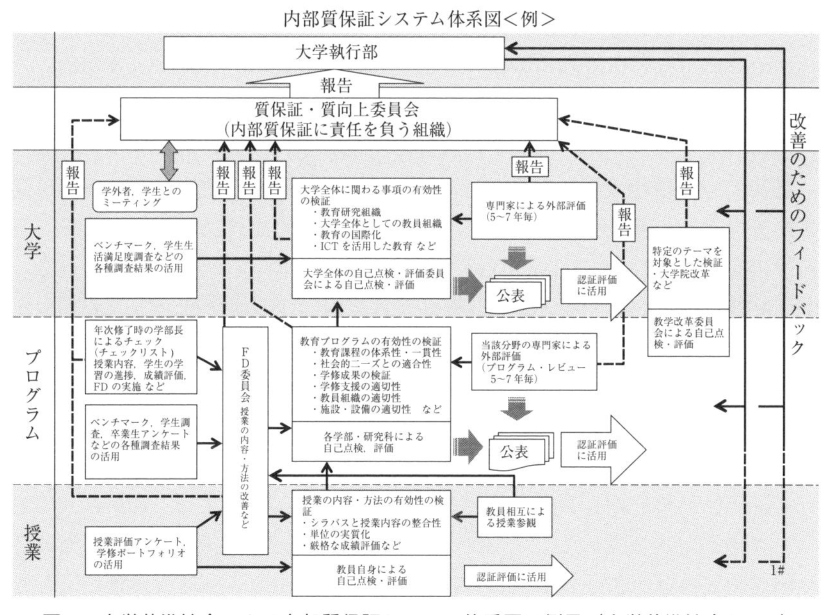

図 1　大学基準協会による内部質保証システム体系図の例示（大学基準協会 2015）

イクルと，それらの有機的な連動は，組織内部にひとつの緊張状態をもたらし得る．組織論者の Weick（1979）に代表されるように，大学の組織の特質は「ゆるやかな結合（loose coupling）」にあり，組織内の下部組織はゆるく結び付きつつ，それぞれが独自性を維持するものとして捉えられてきた．外部環境の変動や外からの圧力に直ちに同調しない弾力性や，各学部・研究科における三つの方針に則した学習・教育の展開および専門分野に依拠した革新的な学問研究の進展等の遠心力のような外向きの力にも耐え得る構造である．大学は，新たなインパクトを受け止めるしなやかさを有するからこそ，組織体としての剛性が保たれるのだとも考えられる．

しかし，今般の三つの側面における体系性を重視した質保証の取り組みは，教育を行う下部組織に緊密な結合を迫る力がはたらくため，程度の差はあれ，組織内に葛藤や反発を生みかねない．こうした観点から，組織内の下部組織の独自性や自律性を失わせることなく，大学総体としての首尾一貫性を保つことにこそ今日の内部質保証の課題が見出せ，とりわけ下部組織を多数抱える大規模大学ほど解決の難度が高くなることが想定される（鳥居 2020）．

2-2．全国の大学における教育の評価に関する状況

では，日々教育の営みが展開される大学で，教育に関する評価はいかなる体制で実施されているのか，さらにエビデンスに基づいた教育改善を行う上で必要となる教育情報のマネジメントはどのような状況にあるのか．これらの点について近年実施された全国調査の結果や先行研究に基づき概観する．

最初に，大学基準協会が 2018 年 2〜3 月に実施した「教育活動の評価に関するアンケート調査」に注目する[3)]．まず，全学的な評価の体制（規程，組織等の有無）については，「学部の評価活動を統括する全学的な組織がある」が 330 件（87.5%），「教育改革・教育改善を担当する全学的な常設委員会がある」が 324 件（85.9%），「全学的な評価に関する規程が定められている」が 313 件（83.0%），「評価室，IR 室等，評価やその支援を専門に担当する全学的な組織がある」が 254 件（67.4%），「教育改善に資する情報を蓄積する全学的なデータベースがある」が 130 件（34.5%）という結果であった．学部の評価活動の統括も含めた全学的な評価の体制については，8 割以上の大学が整備済であるものの，エビデンスに基づく評価を支援する IR 室等の全学組織の整備は 7 割を切る．さらに，全学的なデータベースの構築に関しては 4 割に達せず，組織や規程の整備に比べて，評価の実践を支える基盤作り

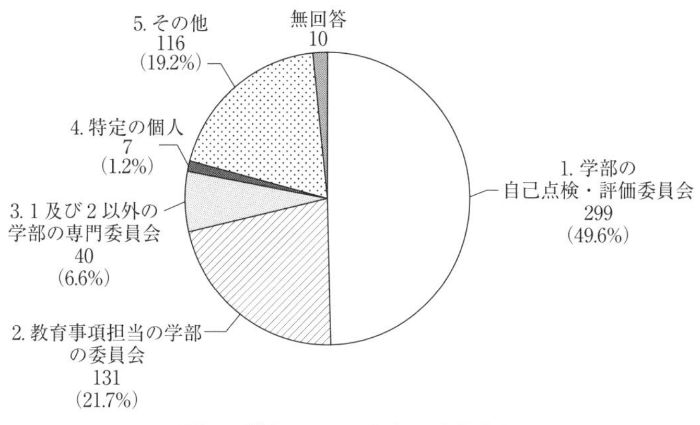

図2　学部における評価の実施体制

注）割合（%）は 603（全件数）で割った数値.
出典）大学基準協会編（2019）

がやや低調な状況が明らかとなった.

続いて，プログラム・レベルに相当する学部における評価の実施体制については（図 2),「学部の自己点検・評価委員会」と回答した学部が最も多く，約 5 割が学部の評価を専門的に担う体制を整えている.「その他」(19.2%) に含まれる内容については，個々の事例検討等を通じて明らかにする必要があるが，独立した自己点検・評価委員会を置かず，学部教学等に関する委員会が評価の実施も兼ねている状況が認められる．また，ごくわずかではあるが,「特定の個人」(1.2%) が担っているケースも存在する.

このように，大学の組織構造の重層性に照らした体系的な内部質保証システムという視点から見れば，評価を専門的に担当する体制や，エビデンスに基づく教育改善を支える IR および情報基盤の整備等に課題が残されている状況が浮かび上がってくる.

次に，岡田・鳥居（2019）が 2015 年 12 月～2016 年 2 月に実施した全国調査の結果を見ていこう[4]．同研究は，エビデンスに基づく教育改善を行う上で不可欠となる教学 IR における教育情報マネジメントの状況に関する知見を提示している[5]．全国調査の結果に基づく分析からは，大学の特徴に関する要因が教学 IR における教育情報マネジメントの諸側面（データ活用目的，データ活用体制，データベース構築，データ分析・報告）にどのような影響を与えているのかが把握できる．たとえば，学生数の多さがデータベースの構築やデータ分析・報告にポジティブな影響を与えていることが明らかにされているが，その背景として，大規模大学ほどデータベースの構築やIR担当者の配置のための資源を捻出し配分しやすいということ，また，規模が大きくなるほど教育や学生の全体像を把握することは困難になるため，よりデータを必要とするということ等の可能性が示唆されている．なおかつ，教育に重点を置いている大学ほどデータ活用目的が明確で，データの分析・報告が機能していることや，国際化に重点を置いている大学もデータの活用目的が明確で，データ活用体制が整っている傾向にあることが示唆されている．

このように，大規模，教育重視，国際化重視の大学ほど教育情報のマネジメントやIRの実践にポジティブな影響を与えていることが指摘されており，昨今の内部質保証の推進や留学生獲得のための情報発信の強化等を背景に，大学の特性や戦略的な志向性が，教育情報のマネジメントの積極的な活用の駆動力になっている可能性が確認された（岡田・鳥居 2019）．奇しくも，本稿が注目する三大学は教育を重視する大学であり，立命館大学と関西大学は規模が大きい．さらに，立命館大学はスーパーグローバル大学創成支援事業採択校として教育の国際化を進めている．以下では，各大学の内部質保証システムの検討を通して，教育に関する評価やマネジメントの特徴を見ていく．

3. 内部質保証システムの運用に関する実態

3-1. 立命館大学：学生参画や専門分野別外部評価等を活用した内部質保証

（1）内部質保証の推進体制

立命館大学（16学部・22研究科，学士課程学生32,338人：2019年5月1日現在）は，現在，学園のビジョン・中期計画に相当するR2020後半期計画（2016年度～2020年度）に沿い，自己評価委員会を内部質保証推進組織として，大学の教育・研究やその他の諸活動および大学運営に関する計画・実行・検証・改善を進めている（立命館大学 2018，鳥居 2020）．第3期認証評価では，とくに「内部質保証（大学基準2）」において，学部・研究科の自己点検・評価を改善・向上につなげる内部質保証体制の構築，学部・研究科ごとの専門分野別外部評価や大学全体の外部評価，内部質保証への学生参画の制度化，内部質保証システムの適切性や客観性の担保等に「長所」が付された（大学基準協会 2019c）．内部質保証を推進し実現するにあたっては，全学―教育プログラム―授業という大学の重層的な組織構造を基本としながら，教学，教育研究等環境，入試，学生，社会連携，大学運営・財務の分野・領域ごとに内部質保証システムを活用している．さらに，根拠に基づく検証を経て，取り組みの改善・向上に向けた次期課題の抽出・特定を行っている．なおかつその過程では，1948 年から続く全学協議会[6]を通じて，教学に関する学生のニーズを反映させる仕組みを制度化している．

(2) 教学分野の質保証のアプローチ

とくに教学分野では，学長―自己評価委員会―教学部会―学部・研究科―教員といった垂直方向の組織構造に照らして，全学的かつ大綱的な計画策定を行うトップ・レベルからの下向きの方針展開と，学部・研究科等のレベルにおける方針の具体化・実行および検証に基づく結果を全学的かつ大綱的な計画策定に上向きに反映している点に特徴がある．こうした大綱的かつ全学的な計画の枠組みのもとで，画一的なアプローチを避け，各分野・領域の自律性を尊重した PDCA サイクルを運用することは，とりわけ学部・研究科・教学機関等を多数有する大規模な総合大学に適したマネジメントの様式であると見なせる．また，2017 年度からは自己評価委員会で集約した自己点検・評価の結果を学長へ報告した後，学長より学部・研究科等に対して改善の実施を求めるシステムに変更したことによって，「教学総括・次年度計画概要」[7]に着実に反映させる仕組みを整備している．

ことに教育プログラムの方針の実行および成果の検証については，「教育に焦点をあてた内部質保証システム体系図」（図 3）に描かれるように，学士課程教育における教学改革・改善・実践・検証の方向性を示す指針としての「学部（学士課程）教学ガイドライン」を共通の行動指針とし，その上で，学部の多様な取り組みを尊重するものとなっている．

さらに，教育研究および学生実態等に関する情報の把握や，改善への活用については，「学部（学士課程）教学ガイドライン」に基づき，各学部の教育目標の特性に応じたデータや根拠となる情報を用いて弾力的に検証し，学習成果検証においては主観データおよび客観データを活用している（表 1）．

このうち，主観データとして用いられる「学びと成長調査」は，教学 IR の一環として学生の学びと成長を把握するために 2009 年度に学内で開発された学生調査をベースに設計されており，カリキュラムや教育効果の検証，教育改善の介入ポイントの抽出等への活用が目指されている．2016 年度よ

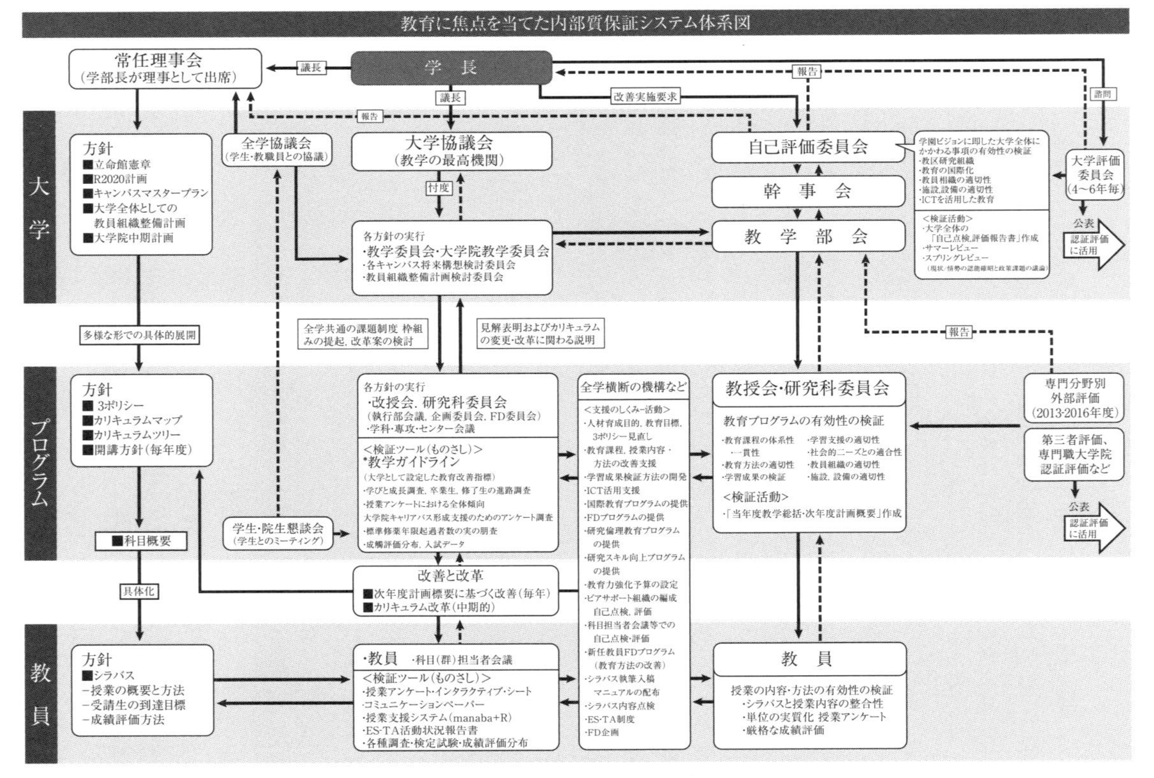

図３　教育に焦点をあてた内部質保証システム体系図（立命館大学大学評価・IR室　2019）

表1　学部レベルの学習成果検証における主観データと客観データ（一部）

学　部	客観データ	主観データ
法学部	「社会に生きる法」の成績分布／授業方法と学びマップ／基礎演習Ⅰ・基礎演習Ⅱの成績分布／外国語運用能力：VELC テスト／初修外国語履修者数／法律基本科目成績分布／リメディアル・クラスの状況／特修専門科目およびプログラム対象科目のうち「中核的な科目」の成績分布／「平和学」の成績分布／専門演習および卒業論文の成績分布／卒業論文に関して，ゼミ登録率，論文提出率	学びと成長調査（教育目標達成度）
国際関係学部	国際関係学の履修率と合格率／200番台科目のうち国際政治学，国際経済学，国際文化・社会学の履修率，Contemporary International Politics，Global Political Economy，Global Sociology の履修率／基礎演習，Introductory Seminar，グローバル・シミュレーション・ゲーミングと Global Simulation Gaming，国際関係学セミナーと Global Studies Seminar（すべて登録必修科目）の合格率／専門演習と Advanced Seminar の履修率と卒業論文と Graduation Thesis の提出率／情報処理と Computer Literacy（登録必修）の合格率／応用情報処理と社会統計論の履修率／英語Ⅰ～Ⅳ，Academic English Ⅰ～Ⅳ，初修外国語Ⅰ～Ⅳまたは日本語の必須科目の合格率／キャリア関連科目の履修人数	学びと成長調査（教育目標達成度）
映像学部	映像制作実習Ⅰ・Ⅱおよびプログラミング演習Ⅰ・Ⅱの成績分布／ Basic English Ⅰ，Ⅱ; Oral Communication Ⅰ・Ⅱ；Media English Ⅰ・Ⅱ；Discussion Ⅰ・Ⅱの成績分布／専門基礎科目，専門科目における講義科目の合格率／専門基礎科目，専門科目における実習・演習科目の合格率／コンテンツビジネス概論Ⅰ・コンテンツビジネス概論Ⅱ・クリエイティブ・リーダーシップ・セミナー・プロデュース実習Ⅰ・プロデュース実習Ⅱの成績分布／履修指定科目「映像基礎演習Ⅰ・Ⅱ」「映像学入門演習」「映像文化演習Ⅰ・Ⅱ」および必修科目「卒業研究」の成績分布／各専門分野別（学びのゾーン）クラスの受講者割合	学びと成長調査（教育目標達成度），映像学入門アンケート

立命館大学（2018: 51–52）の表4–2を基に作成.

り全学部で実施が始まった同調査の回収率は，新入生調査が約9割，在学生調査が約6割であり，「正課を通じてどのような力を身につけたか」，「どのように授業に取り組んでいるか」，「どのような授業を経験しているか」等のリサーチ・クエスチョンを解くための設問や，教育目標の達成度，授業外学習時間，学習意欲や満足度等を把握する設問で構成されている（鳥居 2020）.

（3）内部質保証システムの適切性・有効性の検証および課題

かかる立命館大学の内部質保証システム自体の適切性および有効性については，主に，学外の有識者によって構成される大学評価委員会の開催を通じて得られた指摘や改善課題に基づき検証している．具体的には，自己評価委員会のもとでまとめられた点検・評価の結果を，大学評価委員会が検討することにより，大学の内部質保証システムに関する客観的な検証の機会を確保している．さらに，大学評価委員会による検証結果に基づく指摘事項については，改善状況を取りまとめることによって，内部質保証システムの着実な改良に結び付けている．それらの改善状況を大学評価委員に報告することにより，内部質保証システムにかかわる点検・評価の環を閉じている．

さらに，こうした内部質保証システムを運用することによって，今後の課題が抽出されている（鳥居 2020）．それは，全学と学部・研究科の点検・評価における連携，年次のモニタリング（毎年度行うデータ収集等による効率的な点検･評価）とレビュー（モニタリングによって得られたデータや点検･評価結果等をふまえた総合的な点検・評価）の有機的な連携，全学部・研究科の専門分野別外部評価の第 2 サイクルの実施，グローバルな環境における質保証のあり方の検討，大学評価と中期計画の推進の一層の連携，IR 機能の強化・充実等である．全学―教育プログラム―授業の三つの側面に照らせば，とくに授業レベルの質の検証を強化することが重要な課題のひとつとして認識されている．さらに，これら個別課題への対応だけでなく，学生参画を含めた全学的な質の文化の醸成が重要な課題となっている．

上記の課題群の中でも，内部質保証システムの強化・充実の中核となる，モニタリングとレビューによる恒常的かつメリハリのある自己点検･評価は，第 3 期認証評価の受審をふまえて考案された経緯があり，大規模大学にとってより効率的かつ効果的な内部質保証システムの方法として 2019 年度より採用されたアプローチである（鳥居 2020）．モニタリングとレビューによる自己点検・評価の最初の報告書は，2020 年 1 月に議決され，学長に報告されている[8]．新たな内部質保証システムの運用初年度ということで効果検証には至っていないが，認証評価の経験を主体的に捉えなおし，システム自体の改良を試みたプロアクティブな実践事例のひとつと見なせるだろう．

3-2. 関西大学：学部・研究科のアセスメントに基礎を置く内部質保証

(1) 内部質保証の推進のアプローチ

立命館大学と同じく大規模な私立総合大学である関西大学（13 学部・15 研究科，学士課程学生 28,648 人：2019 年 5 月 1 日現在）では，三つの側面の中でも，学部・研究科のアセスメントを通じた教育プログラムの内部質保証を実質化し，教育プログラムの集合体として全学レベルの内部質保証を構築するアプローチを採っている（関西大学 2018）．「内部質保証推進プロジェクト」を内部質保証推進組織とする関西大学は，第3期認証評価の結果として，「教育課程・学習成果（大学基準4)」において「教学IRプロジェクトと学部・研究科の連携によるエビデンスベースドの教育改革」，「学生調査の全体的な設計」，「ティーチング・アシスタント（TA)，スチューデント・アシスタント（授業支援SA)，ラーニング・アシスタント（LA）などの学生による学修支援制度」，「Collaborative Online International Learning（COIL）の導入」の点に「長所」が付された（大学基準協会 2019a).

(2) 教学IRプロジェクトの機動的な取り組み

同大学のエビデンスに基づく内部質保証システムの中核として機能しているのは，①大学全体（マクロ）レベルの評価機能，②学部・研究科（メゾ）レベルの評価機能，③学生の「学ぶ」を支援する能動型，④「考動力」を一貫して評価，⑤教職協働型，の5つの点を特色とする教学IRプロジェクトである（鳥居・森 2019).同プロジェクトを通じて学びの成果の可視化を推進することにより，教職員の内部質保証への意識を高めている点に特色がある.

興味深いことに，関西大学の教学IRプロジェクトは，2014年の発足当初，学内組織における位置付けが曖昧なまま，いわゆる特定プロジェクトの形で立ち上がったとされる[9]．しかし，逆にそれが功を奏して，入試からキャリアにわたる種々の学生データを保有する多様な部局が教学IRプロジェクトに参画し，日常的に意見交換できる組織横断的な環境作りを可能としていることは注目に値する．すなわち，内部質保証の推進にかかわる組織への権限委譲の公式的な決定よりも，機動性・柔軟性を重視した内部質保証のアプローチを実行に移し，学習・教育の現場に近いところでの実質的かつ具体的な取り組みを先行させた点に特徴があると見なせる.

これまで教学IRプロジェクトは，学生の学びの実態を間接的に読み取るツールとして，併設校調査，入学時調査，パネル調査，初年次教育ポスト調査，卒業時調査，卒後調査等の5種類以上の学生調査を開発している（鳥居・森 2019)．調査内容および実施時期の設定は，各学士課程がデータを必要とするタイミングや改革のスピード等を優先しており，ここでも機動性が重視されていることが読み取れる．具体的な流れは，①学生調査結果の速報値の報告，②ディスカッション，③部局のニーズ分析，④再報告，⑤意思決定の支援，⑥調査設計への反映である．その結果，開発から5年で入学時調査と

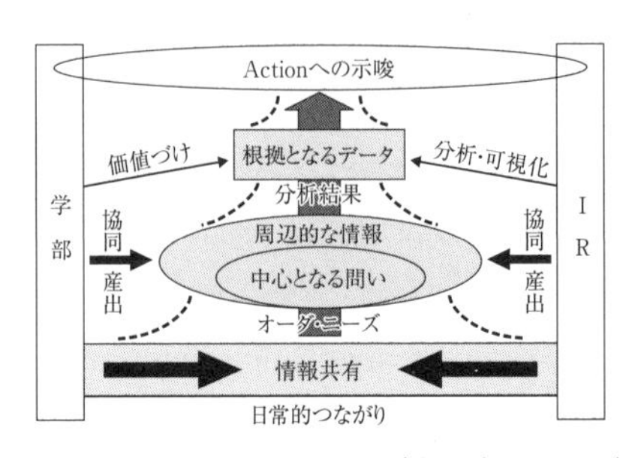

図 4　ニーズベイスド型 IR（森・鳥居 2019）

卒業時調査は学士課程の全学生を対象とする全数調査にまで進展している．

また，関西大学では学部固有のニーズに基づく IR の中心的な問いを中核とした「ニーズベースド型 IR」（図 4）を推進している（鳥居・森 2019）．そのフローを概略的に示すと，①ニーズと調査項目の協議：学部の担当教員・職員と協議して，学部の教育目標やカリキュラムに即した独自の調査項目を決定，②速報値の報告：速報値を学部へ報告し，注文・要望を受ける，③ニーズに関する探索的分析：高度な専門性と分析力により，抽象的な要望を，データに基づいて探索して具現化する，④ニーズの分析の報告：詳細な分析結果を学部へ報告し，さらなる要望を受ける．カリキュラム改善や学びの支援に関する方策を検討（改善への示唆を得る），となる．場合によっては，④ニーズの分析の報告から，③ニーズに関する探索的分析のフェーズに戻り，より深い探索を重ねていく．こうした流れで，各部局の構成員全員に毎年調査結果をフィードバックするとともに，教学 IR プロジェクトからアセスメントを基盤とした教育改善についてのコンサルテーションを提供することによって，検証から改善への橋渡しを着実なものにしている．

(3) 教育プログラム・レベルの内部質保証の推進および課題

このように関西大学では，教学 IR プロジェクトが学部・研究科等の部局における評価や改善を牽引する機能を発揮し，教育プログラム・レベルの内部質保証システムのアセスメントに寄与することによって，より学習・教育に近い場所での実質的な PDCA サイクルの構築および運用を可能にしている．なおかつ，各学部のニーズに基づいた教学 IR を展開することで，学生の学びに実質的な影響を与え得る改革の実現を図っている．

しかし，第 3 期認証評価の受審を経て，複数の課題が見出されている．大学全体としての改革の方向性の共有や，全学レベルと教育プログラム・レベルの連携等である（鳥居・森 2019）．また，認証評価等の外部の力だけではなく，学内組織における内発的動機に基づき改革を進めていく難しさも認識されている．教学 IR プロジェクトが備える機動性・柔軟性は保持しつつも，属人的ではない，恒常的かつ安定的なシステムの構築が求められている．

3-3. 清泉女子大学：学科・専攻を中核とする質保証と予算編成との連動

（1）内部質保証の推進体制

一方，学部・研究科の数が少ない小規模校における内部質保証はどのように推進されているのだろうか．第 3 期認証評価で「適合」の判定を受けた清泉女子大学は，文学部（5 学科）・人文科学研究科で構成されている（学士課程学生 1,887 人：2019 年 5 月 1 日現在）．2016 年度に「清泉女子大学内部質保証に関する規程」を定め，全学的に内部質保証を推進する組織として「内部質保証委員会」を設置した（清泉女子大学 2018）．さらに，2017 年度に「大学の諸活動に関する方針」を定め，内部質保証に関する方針を教職員に周知している．なおかつ同年に，大学の中・長期計画に相当する「清泉女子大学グランドデザイン」から落とし込んだ単年度の事業計画と自己点検・評価活動との連動を図る仕組みを導入し，実質的な改善・改革を進められるような体制を整備している．

（2）全学―学科―授業の三階層における質保証

1 学部という点で，全学レベルの取り組みは学部レベルのそれとほぼ同義になり，教育プログラム・レベルの実践は学科・専攻の活動がこれに相当する．たとえば，三つの方針の策定においては，学部と各学科または研究科と各専攻という二層構造で方針を構築している．また，三つの方針はディプロマ・ポリシーを上位とし，それがカリキュラム・ポリシー，アドミッション・ポリシーの各構成要素と連関するよう構成している．これら三つの方針を実現するために，清泉女子大学の教育の質保証は，全学，学科・専攻（共通プログラム），授業の三つの階層から構成されている（清泉女子大学 2018）．

とくに学科・専攻レベルの質保証については，学務委員会や研究科委員会を中心として大学の理念・教育目標に基づいた教育課程の点検・評価が行われている（清泉女子大学 2018）．先に見た大学基準協会の全国調査の結果に照らせば，学部の自己点検・評価委員会ではなく，教育事項担当の学部の委員会が評価を実施しているパターンに当てはまると言えよう．2017 年度には三つの方針の適切性や科目編成等に関する検証を実施した結果に基づき，一部の学科で科目編成の見直しが行われていることから，教育プログラム・レベルの内部質保証が有効に機能していることが認められる．

また，授業レベルの質保証については，FD 委員会（学部），大学院 FD 委員会を中心として，授業評価アンケートを活用しつつ，個々の教員の授業等に関する点検・評価を実施している（清泉女子大学 2018）．教員個人に加え，各学科での情報共有と授業改善のための意見交換を行うことで，個々の授業の改善につなげている．質保証に関与する構成員同士が「顔の見える」距離にある小規模大学の強みを活かし，情報共有および根拠に基づく改善に向けた合意形成が図られていると言える．

さらに，教育情報に関する適切な把握と傾向等の分析のために，「教学 IR チーム」が中心となり，関係する委員会等へ点検・評価のエビデンスとなる資料を提供している（清泉女子大学 2018）．具体的には，内部質保証委員会で教育内容・学習成果に関する点検・評価を行う際に，基礎学力判定テストの分析結果や卒業年次生アンケート結果，卒業生アンケートの結果等を用いている．なおかつ，自己点検・評価の客観性・妥当性を向上するために，立地やミッション等が似た同僚機関と見なせる白百合女子大学および聖心女子大学や，包括連携協定を締結している品川区による外部評価を受けている．

総じて清泉女子大学では，自己点検・評価の結果を受け，理事長・学長より改善の指示がなされ，次年度の事業計画に反映され，着実に実行されており，教育の質保証および向上につながる内部質保証システムを運用している点に特徴がある（大学基準協会 2019b）．現在，PDCA を循環させ次期の改善へ着実に反映するサイクル（closing the loop）の整備を進めている．

(3) 質保証と予算編成方針との連動および課題

従来，清泉女子大学では，教授会―学務委員会―学科会議―教員という垂直的な流れの中で，計画の決定過程を中心に制度を整備していたが，図 5 の「教学の質保証　全体図」(2018 年 5 月 31 日内部質保証委員会）に描かれる通り，第 3 期認証評価の受審を機に，それまで十分ではなかった計画に基づく実行および評価を介した改善の PDCA サイクルを，全学的な観点からより明確に回すことに注力している．その背景として，同大学では教育の質保証の取り組み（建学の精神や教育の理念，三つの方針等と連動した実践）と，大学としての予算編成方針とが別立てになっており，緊密な連携が取れてい

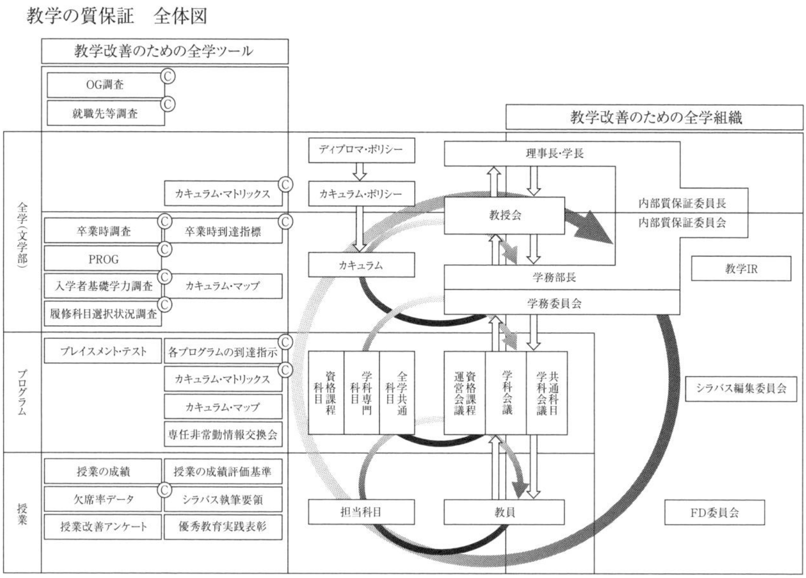

図5　教学の質保証　全体図（清泉女子大学内部資料）

ない状況があったという[10]．すなわち，教育の質保証の取り組みと事務部署の翌年度の予算編成とが連動しておらず，大学全体として見た場合，取り組みの担当部署が不明確なことがあり，質保証の実効性という点にやや弱さを抱えていたという問題である．そこで，2019年度から事務組織の職務を含めたPDCAサイクルを回すように改変したシステムを本格的に運用している．具体的には，大学の事業計画基本方針と事務組織の予算編成等とを書類統合し一体的に運用する方式へ移行することで，より実効的な質保証の取り組みの推進を図っている[11]．

4. おわりに

以上，主に第3期認証評価で重視されている観点や内部質保証システムの枠組み等に注目しつつ，評価にかかわる全国的な状況を概観した上で，三つの大学における内部質保証システムや教育に主眼を置く評価およびマネジメントの実態を見てきた．専門分野別外部評価や学生参画，学部固有のニーズに基づくIRを通じた教育改善，質保証と予算編成との連動等，各大学はそれぞれに特色ある独自のストーリーを編みながら，主体的かつ自律的に検証し改善するためのマネジメントに工夫を凝らしていたと言える．本研究は，複数の認証評価機関の中でもとくに大学基準協会による「適合」認定を受けた私立大学を対象としている点に限界を孕んでいるものの，これらの検討を通じてプロアクティブな教育の評価とマネジメントに関する示唆が得られた．

第一に，立命館大学と関西大学の事例からは，とくに大規模大学における内部質保証システムの運用に関するヒントが見出せた．それは，内部質保証システムを有効に機能させる上で，教育プログラム・レベルのアセスメントを基盤とした教育改善の全学的展開という上向きのアプローチが不可欠になるということである．また，教学領域では教育プログラムを担う学部・研究科（ないし学科・専攻）において，学生や学習に関するデータを活用し，根拠に基づく質の検証を実質化することが鍵となる．そこでは，部局の特性に基づく検証を下支えするIRがきわめて重要な役割を果たしていた．

第二に，大学の中期計画をふまえた体系的な自己点検・評価の実施と，それによる実効的な内部質保証の実現である．とりわけ，2020年4月施行の私立学校法の一部改正を前に，中期的計画の策定と質保証の取り組みとの連関を視野に入れつつ，予算編成方針と連動した教育の質保証サイクルの整備を進める清泉女子大学の事例からは，法人としての大学教育の質の向上への責任意識とともに，運営基盤の強化に対する前向きな姿勢が認められた．

第三に，内部質保証システムの恒常的かつ効果的な運用や，質保証に関与する人びとのモチベーションの維持等の課題については，大学の組織特性に応じたサブ･システムの活用の可能性が示唆された．立命館大学の事例では，毎年度の自己点検・評価を内部質保証の中核的な取り組みとしつつ，それらを補完するように学部・研究科の専門分野別外部評価をそれぞれのカリキュラム改革等の時期に合わせて効果的に実施していた．こうした仕組みが，教育プログラム・レベルの質保証に関与する人びとの当事者意識の涵養に寄与し得ると考えられる．

いずれにせよ，大学の規模の大小にかかわらず，内部質保証システムの有効な運用については，下部組織がゆるやかに結合する構造だからこそ，組織に属する人びとの多様な立ち位置や視点によってシステムの「見え方」が異なる点に留意すべきだろう．とくに質保証の部分最適を超えた全体最適を志向する上で，大学―教育プログラム―授業の垂直方向の目配りと，学部等の水平展開する組織への目配りの双方が必要となる．内部質保証の実践を，一連の仕組みとして捉える全学的な視点を組織的に据えることが重要である．

今後，プロアクティブな教育の評価とマネジメントについての追究をより進めるためには，事例分析の対象を国公立大学等の機関に広げるとともに，内部質保証の対概念である「外部質保証」（external quality assurance）[12]のあり方と一体的に検討していくことが求められる．本稿が注目した三大学のいずれもが，内部質保証推進組織の設定や明確化ないし教学IRの機能強化を，認証評価の受審よりも数年前に実施していたことは単なる偶然ではないだろう．公共財としての大学の教育に関する評価とマネジメントのあり方は，内部質保証と外部質保証の制度の相互関係の中で問われる必要がある．さらに，これらの質保証の体制や実践に学生の存在をどのように位置付けるのかという問題についても検討が欠かせない．今後の課題としたい．

謝辞：本研究はJSPS科研費JP19H01693の助成による研究成果の一部である．清泉女子大学・吉岡昌紀先生，関西大学・森朋子先生より資料提供に関して，東北大学・岡田有司先生，福島大学・高森智嗣先生，大学基準協会事務局より全国調査の結果分析に関してご協力を賜った（所属は調査当時のもの）．厚く御礼申し上げる．

◇注（URLはすべて2020年1月20日現在）

1）中央教育審議会大学分科会教学マネジメント特別委員会（第12回）「資料2-1」，2019.12.17.
（https://www.mext.go.jp/kaigisiryo/content/000002840_3.pdf）

2）本稿では基本的に，単位制度に結びついた学びにとどまらない「学習」（learning）を用いる．ただし，大学や機関における固有な制度名等に「学修」が用いられている引用部分についてはそのままとする．

3）全国の4年制大学および6年制大学を対象に実施した結果，回答大学数は373であり，回答大学数から割り出した回収率は49.9％とされている．回答大学数の内訳は，国立大学法人立52，公立9，公立大学法人立36，私立（学校法人）274，私立（株式会社）2である．また，回答学部数は603である．同調査の主な分析結果は大学基準協会（2019）で示されているが，本稿は同書収録の素集計データも参照する.

4）同調査は，1,104 大学のうち 248 大学から回答を得ている（回収率 22.5%）．回答数の内訳は，4 年制大学が国立 30，公立 25，私立 136，短期大学が公立 7，私立 50 である．

5）本稿での「教学 IR」は，学習・教授領域を主な対象とした IR を意味する．

6）全学協議会は，学生と大学が教学の到達点を定期的に確認し，教学改善の課題を共通認識化する場である．立命館史資料センター「〈懐かしの立命館〉『総長公選制度』と『全学協議会制度』の始まり」2014.10.22.（http://www.ritsumei.ac.jp/archives/column/article.html/?id=66）．

7）「教学総括・次年度計画概要」は，各学部・研究科・教育系機構が掲げる教育目標またはミッションおよびそれを達成するための当該年度の種々の取り組みについての到達点と課題を検証し，その結果をふまえて次年度の方針を定めることを目的とした文書である．「2019 年度教学総括・次年度計画概要の策定について（依頼）」（2019.12.23 教学委員会）立命館大学内部資料．

8）「2019 年度第 5 回自己評価委員会」（2020.1.22）立命館大学内部資料．

9）関西大学教育推進部・森朋子教授へのヒアリング記録（2019.12.5）．

10）清泉女子大学・吉岡昌紀理事長へのヒアリング記録（2019.10.4）．

11）「提案概要（書類の統一に関する図）」（日付無）清泉女子大学内部資料．

12）外部質保証は，機関（プログラム）の質の審査・維持・向上のための機関間または機関より上位にある制度とされている（大場 2009）．

◇参考文献・サイト（URL は 2020 年 1 月 20 日現在）

荒木俊博・山咲博昭，2019，「第 3 期認証評価受審時における使用データと IR の役割―大学基準協会受審の 2 大学の事例から―（事例報告）」『大学評価と IR』10，大学評価コンソーシアム：29–44.

大学評価・学位授与機構，2010，『大学評価文化の定着―日本の大学教育は国際競争に勝てるか？―』ぎょうせい．

大学基準協会，2017，「大学基準」．

大学基準協会，2015，『内部質保証ハンドブック』大学基準協会．

大学基準協会，2019a，『関西大学に対する大学評価（認証評価）結果』．

大学基準協会，2019b，『清泉女子大学に対する大学評価（認証評価）結果』．

大学基準協会，2019c，『立命館大学に対する大学評価（認証評価）結果』．

大学基準協会編，2019，『教育プログラム評価ハンドブック』（高等教育のあり方研究会教育プログラム評価のあり方に関する調査研究部会），大学基準協会．

関西大学，2018，「2017年度自己点検・評価報告書」.
工藤潤，2019，「大学基準協会が定義する内部質保証とその評価のあり方」平成30年度大学評価シンポジウム配布資料2，大学基準協会，2019.1.28.
日本私立大学連盟教育研究委員会，2019，「私立大学における教育の質向上に関する取り組み―学習成果の可視化による大学教育の質保証―」.（https://www.shidairen.or.jp/files/user/kyoiku-torikumi.pdf）
大場淳，2009，「第7章　フランスにおける高等教育の質保証」羽田貴史・米澤彰純・杉本和弘編著，2009，『高等教育質保証の国際比較』東信堂：177–95.
岡田有司・鳥居朋子，2019，「教学IRにおいて用いられる教育情報のマネジメントに関するプロセスモデル」『日本教育工学会論文誌』42(4)：313–22.
Saupe, Joe L., 1990, *The Functions of Institutional Research, 2nd edition*. Tallahassee, FL: Association for Institutional Research.
清泉女子大学，2018，『点検・評価報告書（平成30年度認証評価申請用）』.
鳥居朋子，2020，「立命館大学における内部質保証の取り組み―内部質保証システムの特質および課題を中心に―」『立命館高等教育研究』20：1–15.
鳥居朋子・森朋子，2019，「大規模私立大学における内部質保証システムの有効性―立命館大学および関西大学の事例検討を通じて―」日本教育学会　第78回大会自由研究発表資料，学習院大学，2019.8.8.
立命館大学，2018，「点検・評価報告書（申請用）」.
立命館大学大学評価・IR室，2019，「大学評価・IR室」（パンフレット）.（http://www.ritsumei.ac.jp/assessment/assets/file/assessment_booklet.pdf）
Weick, Karl. E., 1979, *The Social Psychology of Organizing; second edition*. Addison-Wesley.

ABSTRACT

Evaluation and Management of Teaching and Learning in the University: Redefining as Challenges for the Enhancement of Internal Quality Assurance

TORII, Tomoko
Ritsumeikan University

Quality assurance requires us to identify issues in the evaluation and management of teaching and learning as challenges to promote the enhancement of Internal Quality Assurance (IQA) in universities. To determine the implications for proactive evaluation and management of teaching and learning, this paper examines the characteristics of and challenges of the IQA system and institutional research for teaching and learning at Ritsumeikan University and Kansai University, which are large-scale institutions, and Seisen University, which is a small-scale institution. These universities were accredited during the third phase of the Certified Evaluation and Accreditation, conducted by Japan University Accreditation Association in the 2018–2019 academic year. For instance, Ritsumeikan University utilizes an IQA system that is appropriate for the divisions of academic affairs, education and research environment, student enrollment, student affairs, university management and finance, and social cooperation; this system recognizes the multilayered organizational structure of the university. Through an examination of case studies of the three universities, this paper discusses ways that a proactive approach of evaluation and management of teaching and learning can be implemented in universities.

高等教育質保証の国際的連携
―世界のダイナミズムの下で日本が経験したこと―

米澤　彰純

本稿は，主に2000年以降の20年を対象期間として，学習者や大学・高等教育機関の国際的な移動や活動に関わって，高等教育の取組みがどのように展開し，また，国際的に連携してきたのか，そのことは，大学の現場にどのような影響をもたらしてきたのか，さらに，今後の課題と展望はどのようなものかを，特に日本のあり方に焦点を当てて，世界の多様な動向を踏まえた上で明らかにする．高等教育の質保証の国際的連携に関わる様々なアクター間の相互作用の分析により，日本では国際的動向を反映した質保証や評価の制度的精緻化は進行しながら，これが国際的な学生や人の流動性を高める推進力としては直接作用しておらず，各大学・高等教育機関が自らの包括的な国際化に主体的に関わる形で国や社会と対話し連携することが要請されていることを示す．

はじめに

大学の評価や質保証と「国際」に関わる議論には，大きく分けて2通りある．第一は，ある国の高等教育システムにおける評価や質保証のあり方が「国際水準」を満たしているかどうかであり，第二は，評価や質保証のあり方が学習者の国際移動や国境を越えた高等教育の展開に結びついているかである．

日本の，特に大学の「評価」に関わる学術的議論においては，この第一の論点に関わるものが圧倒的に多い．これは，日本における「大学評価」の概念とその実践が，米国や英国などをモデルとして移植され（喜多村 2003），

東北大学

土着化が進む一方で現在に至るまで常に国際動向が参照され続けてきたためである．すなわち，日本の大学評価の研究や言説の多くは，「外国の教育から何を学べるか」という「教育借用」（佐藤仁 2018）の一事例として位置づけることができ，ここでは「国際」は満たすべき「水準」，あるいは踏まえるべき「動向」を意味する．しかし，大学評価は，最終的には国や行政主体の権限の下で制度化され，むしろ，各国・地域固有の文脈が色濃く反映されがちな領域でもある．また，世界の動向は必ずしも発展段階論に代表されるような一元的なものではなく，全体的な傾向の分析を国際的共通性や地域特性の同定へと結びつけることは困難であり（大場 2016），むしろ，各国・地域が相互に影響を受け合うことで多様な方向性に開かれた形で変化のダイナミズムが生み出されていると捉えるべきであろう．なお，大学ランキングなどを「市場型大学評価」と捉える議論も見られ（金子 2000，小林 2016），このうち世界大学ランキングについては，特に近年においては学生や研究者の国際移動に大きな影響力を与えつつある．しかし，このランキングもまた，高等教育システムをめぐる国家間競争と深く関連したものとして議論されてきており，ランキング手法にも多様性が見られる（Hazelkorn 2015）．

第二の，学習者の国際移動に関わる連携や，高等教育の国境を越えた展開に関わる議論においては，国際的にも日本でも「質保証 quality assurance」という術語が「評価」よりも広範に使われてきた（羽田他編 2009，米澤 2017）．羽田（2018: 8）は，（大学の）質保証を，（大学が）「提供する教育プログラムの質を測定・監視し，質を維持もしくは強化する一連の枠組みと手続き」と定義している．現在の大学は，国境を越えて教育・研究その他の活動を展開しながらも，行政・財政上の存立基盤は国家にあり，学習者は国境を越えることで権利保障上弱い立場におかれる（Marginson 2018）．また，現代社会では，伝統的な学生や教員・研究者の国境を越えた移動に加え，国境を越えた教育プログラムも多様な形態で拡大し（Knight & McNamara 2017），高度なコミュニケーションメディアも国境を越えて広く日常的に活用されている．さらに，情報メディアの変化は，学習活動やその到達の記録のあり方を劇的に変化させ，個々の学習者がいつ，どこでどのような学習をし，どのような達成をしたのかに関わる情報の利用可能性を飛躍的に増大させた．この変化に対応して，「学生電子データの世界共同ディポジトリー形成を目指すフローニンゲン宣言」が 2012 年になされ，資格・学歴・成績等の電子情報に関する国際連携も大きく進展してきている（芦沢 2019）.

この両者の峻別は，正確な学術的議論を行う上で重要であるだけではなく，日本の大学の評価や質保証の政策・実践のあり方を理解する上でも重要である．すなわち，仮に第一の意味で一国の「評価」や「質保証」が，国際動向や水準を満たしていたとしても，それが第二の意味での高等教育の国境を越えた展開や学習者の国際移動の促進に結びつくとは限らないからである．

本稿の目的は，学習者や大学・高等教育機関の国際的な移動や活動に関わって，高等教育の質保証の取組がどのように展開し，また，国際的に連携してきたのか，そのことは，大学の現場にどのような影響をもたらしてきたのか，さらに，今後の課題と展望はどのようなものかを，特に日本のあり方に焦点を当てて，世界の多様な動向を踏まえた上で明らかにすることとする．そして，ここでは特に，上記の国際「水準」「動向」を参照する議論と実践が，国際「展開」「移動」へと結びつきにくい構造とその帰結に注目する．

本稿が対象とする期間は，主に 2000 年以降の 20 年となる．この期間は，欧州高等教育圏の発展を目指して 1999 年にボローニャ・プロセスが開始されたことに象徴されるように，質保証の国際的連携が急速に拡大・発展した時期にあたる．同時に，近年の急速な国際情勢の変化，それ以上に第 4 次産業革命に付随するようなデータやコミュニケーション手段に関わる技術革新・イノベーションにより，高等教育の学習者を取り巻く学習・情報環境が大きく変化している．なお，過去 20 年間の状況を知る上では，その前史にあたる文脈の理解も不可欠である．

本稿が取るアプローチは，高等教育の質保証の国際的連携に関わる様々なアクター間の相互作用の分析である．これは，高等教育の質保証や評価の問題が基本的には大学をめぐる多様なアクター間での相互作用によって大きく規定される領域であり，同時に本稿がテーマとする「質保証の国際的連携」が，こうしたアクター間の関係の国際的な広がりそのものを理解する上での格好の題材になると考えるからである．

背景：質保証の国際的連携のための制度整備

最初に，現在の質保証の国際的連携のための制度整備の背景について，20 世紀末までの前史を含めて概観する．具体的には，学位資格認証を巡る協定・規約，情報提供機能，そして，単位互換システムについて論じる．

学位資格認証を巡る協定・規約

質保証の国際的連携の歴史は, UNESCO が 1970–80 年代に, 地域内の学生・研究者の流動性促進を目的とした単位や学位の認証等に関する原則と規範を定めた6つの地域条約を採択したことにはじまる（大学評価・学位授与機構 2016）. その後, 1993 年に地域間をまたがる高等教育とその資格の相互認証の勧告が行われ, 改訂された第二世代の地域条約の開発・締結が進んだ.

日本が地理的に属するアジア太平洋地域では, この第一世代の地域条約が「高等教育の学業, 卒業証書及び学位の認定に関するアジア・太平洋地域条約（バンコク条約）」(1983 年), 第二世代が「高等教育の資格の承認に関するアジア太平洋地域規約（東京規約）」(2011 年合意, 2018 年発効）となり, 学位（degree）・修了証書（diploma）・その他証明書（certificate）による高等教育課程の修了を証明する資格の国際承認がその主目的となる（吉川 2019）. なお, 日本はバンコク条約を批准していないが, 大学評価・学位授与機構（2016: 13–14）は, 東京規約については日本が当初から批准することを意図して関わったと指摘し, また, 規約において職業資格等に関する規定を削除し, 高等教育制度及びその質保証制度に関する情報の相互提供をもりこむなど, 1997 年策定の「ヨーロッパ地域の高等教育に関する資格の承認協定（リスボン協定）」を参照したとしている. なお, 日本政府は, 2017 年にずれ込んだ東京規約の締結にあたり, convention の和訳として, 憲法第 73 条 3 項の規定により国会の承認を必要とする「条約」ではなく,「規約」を用いることで, 閣議決定により加入書を寄託, 締結する手続きを取った.

高等教育・質保証に関する情報提供機能

リスボン協定や東京規約などの第二世代の協定・規約で要請されている高等教育及び質保証に関する情報提供機能とは, 具体的には, 国境を越えた進学や編入等に対応すべく, 学位資格や単位, 成績等を審査できる情報の双方向の提供サービスを意味する. 米国では, 1974 年設立の World Education Services（WES）など非政府組織が担ってきたのに対し, 欧州では, 欧州委員会主導で 1984 年に設立された全国学術承認情報センター（National Academic Recognition Information Centres: NARIC）とリスボン協定と関わって 1994 年に UNESCO と欧州委員会との連携で設立されたヨーロッパ情報センターネットワーク（European Network of Information Centres: ENIC）という, 主に国家機関とその国際ネットワークとしての整備が進み, 東京規約にもNICの設立が規定として明示された（野田2019）.

国際的単位互換システム

以上に加え，大学がより直接的に関わる質保証の装置として，学生の国境を越えた移動や交換に関わる単位互換を促進する国際評価システム（Foreign Credential Evaluation: FCE）の構築が進んできた（芦沢2019）．米国では，歴史的に大学間の学生の移動が全国的な単位互換のシステムの展開と連動して機能してきた．これに対し，欧州では，地域の大規模な学生交換短期留学を支えるERASMUSプロジェクトが1989年に開始され，これを支える制度として欧州単位互換制度（European credit transfer system; ECTS）が導入された（吉川2003）．なお，同プロジェクトは，現在は，欧州域外をも含むERASMUS＋として発展してきている．

ECTSと同様の仕組みをアジア太平洋地域において実現しようとしたのが，1991年設立のアジア太平洋大学交流機構（University Mobility in Asia and the Pacific: UMAP）が提唱してきたUMAP単位互換方式（UMAP Credit Transfer Scheme: UCTS）である．他方，東南アジアでは，トップ大学間連合としてのASEAN University Networkが発達し，この大学間の学生交換や質保証の観点からASEAN Credit Transfer System（ACTS）が2008年に提唱され，これが欧州や日本の協力を得ながら発展，普及してきている．こうしたトップ大学のイニシアティブとは別に，東南アジア教育大臣機構高等教育開発地域センターSoutheast Asian Ministers of Education Organization（SEAMEO-RIHED）と各国政府の協力のもとで，2009年にマレーシア–インドネシア–タイ（M–I–T）学生移動促進のパイロット・プロジェクトが開始され，これが後にThe ASEAN International Mobility for Students（AIMS）プログラムへと発展し，フィリピンや，東南アジア域外の日本が大学の世界展開力強化事業を通じて加わるなどしながら，質保証についての地域共同枠組みの開発が進められてきた（堀田2017）.

質保証の国際的連携のアクターと役割

国際的連携の主要なアクター

20世紀末に，国境を越えた高等教育の提供が自由貿易の問題として浮上する（大森2012）中で質保証の国際的連携が世界的な課題となり，UNESCOとOECDとが共同で2005年に『国境を越えて提供される高等教育の質保証に関するガイドライン』を作成,公表した.同ガイドラインでは,質保証の国際的連携の主要なアクターとして,政府,高等教育機関・プロバイダー及びその学術スタッフ,学生団体,質保証・適格認定機関,学位資格・学修認証機関,職能団体の6つを特定している.各アクターは,それぞれの国際的な連携や展開を進めており,このなかにはOECDやUNESCOなどの国際機関,質保証機関や高等教育機関の国際連携ネットワークなどが含まれる.なお,Vincent-Lancrin et.al.(2015)は,OECDのプロジェクトとしてこのガイドラインに基づく進捗状況について日本を含めた各国調査の結果をまとめているが,この報告書では,最終的に,主な実行主体となるアクターとして,政府,高等教育機関・プロバイダー及び質保証・適格認定機関の三者に分析対象を絞り込んでいる.

日本におけるアクター間の関係

ここで,日本の視点・文脈を踏まえてこれらアクターを見取り図として整理すると,以下のようになる.まず,Clark(1983)の枠組みに沿って,国民国家(政府),大学及び学術界(高等教育機関・プロバイダー),市場(学習者や雇用主など)の調整を想定しよう.すると,この問題は,基本的には政府と大学・学術界とが,ここでは主に教育面での国境を越えた移動や展開について調整していくことになる.大学教育において「市場」は,第一義的には学習者及び卒業者を指すことになるが,これらを代表するべき学生団体,職能団体の役割は,少なくとも日本の場合,学生団体は学生紛争以来大学との関係において有効に機能している事例が少ない.また,職能団体は,日本の企業における内部労働市場の高度な発達の中で高等教育の質保証において有効にその権利を代表しうる場面や職種が専門職大学院の一部などに限られ,大きな機能を果たしえていない.

以上に対して,公的な機能として,質保証や情報提供の役割を担うのが,質保証・適格認定機関と学位資格・学修認証機関となる.前者の質保証・適格認定機関については,政府は「認証評価機関」の認証という形で間接的な統制を行い,複数の認証評価機関は,政府,大学,市場の3つのアクターの間にそれぞれの立ち位置を見いだすことになる.具体的には,大学の機関別認証評価に関しては,中間組織として大学とシステムとの間のバッファ・ボディとして位置づけることが一般的である(福留 2019)が,独立行政法人である大学改革支援・学位授与機構と,戦後すぐに創設されている大学基準協会，各大学協会が設立母体となっているこれ以外の機関別認証評価機関では，特に大学･高等教育機関と政府との関係において立ち位置に違いがある．これに対して，専門職大学院の分野別認証評価機関に関しては，これらに加えて日弁連法務研究財団などの職能団体との関係をもつ機関が加わる．なお，質保証・適格認定機関の国際連携・協働の重要性については，質保証・適格認定機関自身の主張の中でも繰り返し強調されてきている（例えば鈴木 2018）．

他方，後者の学位資格・学修認証機関に関しては，欧州などと異なり，日本では国家学位資格枠組（National Qualification Framework）が公的な制度としては確立されていない状況にある（吉本編 2018，野田 2019）．また，東京規約で定められた NIC にあたる高等教育資格承認情報センターも 2019 年に設立されたばかりであり，同年 9 月に結成された NIC のアジア太平洋地域の国際ネットワーク Asia-Pacific Network of National Information Centres（APNNIC）の創設メンバーに名を連ねるなど国際的連携を進めてはいるものの（野田 2019），質保証・適格認定機関の機能を担う大学改革支援・学位授与機構内に設置されていることから，現時点では独立したアクターとしての位置づけとはいえない．

以上より，ガイドラインから十数年経とうとしている現在において，質保証の国際的連携の日本における主要なアクターは，事実上政府，大学・高等教育機関，認証評価機関の三者に絞られ，それゆえに市場を代表するアクターの関わりが限定的であることが特徴となる．ただし，日本は同時に，先進諸国の中では私立高等教育セクターが著しく発達している国でもあり，また，大学の市場が選抜度などによりセグメント化され，威信最大化自体が大学自身の主要な行動目的のひとつと考えられている（米澤 2010）．このなかで，大学・高等教育機関は国内市場において偏差値など入学者選抜を基軸としたランキング情報などに強く影響を受け，国際市場においてもランキングなどの威信や競争力が，大学としても国としても強く意識されてきた．

主要アクターの役割と実態

つぎに，上記で特定された主要なアクターの役割と，その質保証における国際的連携の実態を整理しよう．表 1 は，Vincent-Lancrin et.al.（2015: 105–121）に掲載されている，OECD・UNESCO ガイドラインに基づいた各国調査への日本政府の回答を，現在の状況を踏まえて修正したものである．

表１　日本の主要アクターによる質保証の国際的連携

	政府	大学・高等教育機関	質保証・適格認定機関
2004年までに達成	外国高等教育機関の登録・認可制度 全種類の機関を対象とした登録制度 登録・認可基準の公開 登録・認可が必須要件 登録・認可が資金調達に影響 全プロバイダーに同様の条件 国内・国内の外国プロバイダーに同様の条件 国境を越えた高等教育の質保証能力 　外国高等教育機関 　外国高等教育プログラム 　国境を越えた公共活動 　国境越えた営利活動 　国内遠隔教育プログラム 質保証の機関間の協議・調整の促進（国内） 質保証の機関間の協議・調整の促進（国際） 認可された高等教育機関についての情報提供	国境を越えて同等の質の教育提供を約束 同じ学位の提供 国内・国際の大学組織・ネットワークへの参加 他の高等教育機関とのネットワーク・パートナーシップと相互認証・共同開発 外部・内部質保証の基準・手順に関する情報提供 提供する学位・資格の認証に関する情報公開 問題と資格に関してすべて説明 学生が習得すべき知識，理解，スキルの説明 財政状況に関する情報提供	質保証機関による質保証・認定の手配： 　学生の移動 　プログラムの移動 　機関の移動 　遠隔教育・e ラーニング 質保証機関による地域・国際ネットワークへの加盟 送り出し国と受入れ国の機関間の協力関係 評価基準・品質保証メカニズム等に関する情報公開 高等教育機関の評価結果の公開 現在の国際ガイドラインの原則を適用 他の機関と相互承認協定の締結 内部質保証システム 定期的な外部評価の受審
2014年までに達成	システム確立促進のためのイニシアティブ 国境を越えた高等教育の質保証能力 　自国機関海外キャンパス 　自国機関海外プログラム		
2019年までに達成	UNESCO 地域規約への参加・貢献 National Information Center の設立 学位の二国間または多国間の承認協定への加盟		規格，基準，評価手順の国際ベンチマーク 外国の質保証・認定機関との共同評価プロジェクト 偽高等教育プロバイダー，質保証・認定機関への注意喚起 同識別につながる監視及び報告システム
未達成・関知しない	条件に個別の裁量	エージェントによる留学生募集・情報提供 受入国の質保証・認定システム下準拠 質保証・認定機関や学生団体と情報協力	質保証・認定機関の国際評価・ピアレビュー ピアレビューパネルを国際的に構成

※ Vincent-Lancrin et.al.（2015: 105–121）をもとに筆者作成

最近20年間，日本政府は，ガイドラインに示された基本項目のすべてについて比較的真摯に取り組んできたといえる．まず，登録･認可については，2004年に外国大学等の日本校の指定制度を創設し，また，日本の大学の海外展開に関しても，「大学の海外校に関する告示」（2008）などで日本の大学の教育研究組織の海外での設置や教育課程の実施などを可能とする制度の整備に積極的に取り組んできている．

また，2004年からの認証評価制度の構築においても国際対応が意識されてきた．高等教育プロバイダーである大学・高等教育機関に関して，設置認可とその後の履行状況調査及び認証評価の組み合わせによる国内の大学評価・質保証システムの制度化が2004年までに整備され，その後も国際動向を踏まえた上で実施面での改訂や強化が進んだ．このことから，国境を越えた高等教育の提供に関わる（内部）質保証及び，これに付随する大学・高等教育機関としての一般要件の維持と明示については，システムとしては国際的に高いレベルで整備されている．なお，大学・高等教育機関自身が外国人学生募集のエージェントへの責任を負ったり，受入れ国の質保証・認定システムの支配下に入ったり，政府以外のアクターとの質保証・向上に関わる連携へコミットすることについては，あくまで大学・高等教育機関の自主的な裁量に委ねられている．

さらに，国際的な質保証の調整・協力としては，政府として日中韓の3カ国による質保証・学生交流促進プログラムであるキャンパス・アジアに関連して質保証モニタリング事業を進めるなど，基本的には質保証機関による国際連携の展開として推進されてきた．なお，政府や関係団体を中心に従来から行われてきた情報提供については，東京規約での締結にあたり，2019年に高等教育資格承認情報センターが大学改革支援・学位授与機構内に設立されたことで大きく前進した．

以上より，政府が主に登録・認可，国際規約の締結の役割を担い，大学・高等教育機関が国・制度の要請に応じて質保証と情報公開の責務を果たすことに専心する状況下において，日本の認証評価機関は，質保証の国際的連携の内実において比較的大きな裁量を有してきたことがわかる．なお，日本の認証評価は，政府が複数の評価機関を認証し，特に機関別においては大学・高等教育機関が複数の認証評価機関から受審する評価機関を選択できる仕組みであることから，各評価機関が国内で相互に情報交換しながらも，基本的にはそれぞれが独自の国際的連携を模索していくことになる．2020年3月時点では，質保証機関の世界ネットワークである高等教育質保証機関国際ネットワーク（International Network for Quality Assurance Agencies in Higher Education: INQAAHE）への日本からの加盟は，大学基準協会，実務能力認定機構，大学改革支援・学位授与機構，日本高等教育評価機構の4機関，地域ネットワークであるアジア太平洋質保証ネットワーク（Asia-Pacific Quality Network: APQN）への加盟は，大学基準協会，大学改革支援・学位授与機構，日本高等教育評価機構の3機関にとどまる．また，専門職大学院の分野別認証評価機関の中には，日本のみならずアジアの大学のアクレディテーションを積極的に行ってきたABEST21や，工学教育の国際通用力形成を重視し，国際エンジニアリング連合（International Engineering Alliance: IEA）に加盟している日本技術者教育認定機構など，質保証の国際的連携に積極的な役割を果たしてきた認証評価機関も含まれる．

なお，表1で「未達成・関知せず」として整理した，「質保証・認定機関の国際評価・ピアレビュー」「ピアレビューパネルを国際的に構成」が意味するところは，欧州で議論・実施が進められてきた地域レベルでの質保証機関の国際登録に関わる項目であり，同地域ではまた「欧州高等教育圏における質保証の基準とガイドライン（Standards and Guideline for Quality Assurance in the European Higher Education: ESG2015）」が質保証の共通理解を支えている（堀井 2018）．

日本を含む東アジアには，現状として各国間に地域としての質保証という共通基盤はないが，大学改革支援・学位授与機構がキャンパス・アジアの枠組みにおいて中国教育部高等教育教学評価センター（HEEC）や韓国大学教育協議会（KCUE）と交流し，大学基準協会が台湾評鑑協会と共同認証プロジェクトを進めるなど，個別認証機関間の協力や連携は模索されている．

国際市場との関係をどう整理するか？

システム・市場環境を検討する必要性

以上見てきたように，質保証における日本の国際的連携への取組は，一見順調であり，特に政府の果たす役割が大きいように思われる．他方で，たとえば内部質保証の中心的なロジックとなっているPDCAなどの解釈や実践などから，日本の大学評価への理解や取組が国際的な理解とずれているとの批判も盛んになされている（佐藤 2019）．筆者は，このようなズレが生み出される要因のひとつを，日本が大学評価や質保証で「国際」を提唱する時の文脈と方向性とに共通理解がなく，また，この問題への各国・地域の多様性やダイナミズムの整理がなされていないことにあると考える．また，この整理には，先に挙げた政府，大学・高等教育機関，認証評価機関という3つの主要アクターの国際的連携の取組のみではカバーできない，高等教育の国内・国際市場と，それぞれを規定する国内・国際的な社会システムのあり方の俯瞰的な検討が必要となる．

以上の問題意識から，日本に関係の深い主要な国・地域の質保証の国際的連携に関わるシステム・市場環境を整理した見取り図を表2の形で示した．ここで取り上げた国・地域は，日本の大学評価のモデルとなってきた米国，英国，欧州と，日本が市場としてもシステムとしても属するアジア太平洋地域に属するオーストラリア，ASEAN，そして東アジアである．なお，表の中の日本の位置づけであるが，本稿自体が日本を主要な対象として議論していることを前提として，ここでは日本の隣国との関係に注目する観点から，日本と東アジア（具体的には，中国，韓国等）とを同一のカテゴリーとして整理した．また，検討項目としては，質保証の国際的連携が何を意味するかという意味での理念，質保証システムがよって立つ基盤とその国際的展開における用途・目的，これらの理念や目的を前提として現れる質保証の国際的連携のあり方・方向性，以上を通して自国の大学・高等教育システムの主体性・アイデンティティを確保する方策及び考えられるリスクを整理した．

システム・市場環境の多様性

表2が端的に示しているのは，高等教育の質保証に関わるシステム・市場環境は，国・地域ごとに多様であり，かつ，相互に関わり合って複雑なダイナミズムを形成しているということである．ここでは，まず，日本・東アジア以外の主要な国・地域についてその文脈を整理し，その上で節を改めて日本の事例を東アジアの中に位置づけて検討する．

まず，米国であるが，同国にはアクレディテーション，単位互換・認証等に関わる固有の文脈があり，国内のみならず国際的にも大きな影響力を有している．また，連邦政府の高等教育への関与が限定的なシステム環境のもとで大学や職能団体を中心とした非政府主導のアクレディテーションが質保証の基盤となっており，国際的にもこうしたあり方に賛同するパートナーが多

表2　質保証の国際的連携に関わるシステム・市場環境

	米国	ヨーロッパ	英国・オーストラリア	ASEAN	日本及び東アジア
理念	国内における質保証の延長	地域高等教育圏の形成	輸出・知識産業としての競争力形成	地域高等教育圏の形成・質向上	国家威信の発現（地域高等教育圏の共通理解の欠如，輸出産業としての国際学生市場の未発達）
アクター	非政府主導（vs 連邦政府）	政府主導（vs EU）	政府主導（vs 国際学生市場）	トップ大学・国際機関主導（vs 周辺の大国）	政府主導（国際的な認知が目標）
質保証システムの基盤・主な用途	転学を前提とした国内システム（credit transfer, GPA）	短期学生交換（ERASUMS＋）進学・転職（ボローニャ・プロセス，リスボン協定）	国内疑似市場の形成→輸出産業としての国際ブランディング・市場競争力形成	（トップ大学・主要国中心の）学生交換を通じた大学教育の威信向上・人材育成	受入れ＝国内基準送り出し・学生交換＝相手の基準
質保証の国際的連携	自国を中心とした国際連携	質保証の世界・地域ネットワークを主導	輸出産業としての国際ブランディング・市場競争力形成	地域内・地域間連携を活用してキャッチアップ・質向上	国際ネットワークへの参加（国・地域内では競争）
主体性の確保	世界からの距離，独自の国際連携・展開	地域高等教育圏形成で先行，米国と差別化，他地域への影響力確保	国際・輸出産業としての国際ブランディング・市場競争力確保を優先	地域内・地域間連携を活用し周辺の大国と比肩できる質への向上を目指す	地域・国際連携への参加・主導権確保 国内では固有の主体性を維持
リスク	世界システムからの孤立による国際的威信・影響力の低下	地域システムの調整コスト・地域内での主導権争い	過度な商業化，公共財としての機能の弱体化	一部の大学・国が先行・主導することが引き起こす格差・不和	国際的趨勢のパッチワーク的導入による主体性の喪失や，国内での教育実践との齟齬

※筆者作成

数存在することから，国内における質保証の延長線上に国際的連携を位置づけることが可能となる．このような状況下，米国は世界や北米の質保証ネットワークへ関わりながらも，アクレディテーション団体の全米ネットワーク組織である米国高等教育アクレディテーション協議会（Council for Higher Education Accreditation: CHEA）は独自の国際ネットワークである国際質グループ（International Quality Group: CIQG）を形成し，これを通じた国際的連携活動を展開してきた．なお，米国は，世界に占める留学生受入れシェアの長期的な低下など，国際的威信・影響力低下のリスクにも直面しており，アデルマンらは欧州の質保証の動向を米国で紹介し，ボローニャ・プロセスと呼応した自発的な質保証運動としてのチューニングを，国際的に連携しながら展開してきた（マッキナーニ 2015）．

次に，ヨーロッパは，欧州委員会と各国政府という対抗図式の中で，主に国や州レベルの政府が主導する形で質保証システムが形成されているが，理念としては地域高等教育圏の形成が共有され，短期学生交換や学位の相互認証による学生の国際移動の促進をシステムとして整えてきた．このことを通じて，地域高等教育圏の形成を世界的な先行事例として進め，質保証の世界・地域ネットワークを主導し，影響力がある米国との差別化，他地域への影響力を確保することで同地域の主体性の確保にも成功してきた．他方，地域システムの調整コストが高く，地域内での質保証のあり方をめぐる主導権争いも継続している（Smidt 2015）．

これに対し，いち早く（英国の場合にはEU以外の）留学生に対して学費の全面負担を求めてきた英国・オーストラリアなどは，高等教育に関して輸出・知識産業としての競争力形成を進めるべく，国際的な質保証に取り組んできた．ここでも，政府主導の傾向はみられるが，これは，学生をめぐる国際市場に対しての行動という文脈で発現する．両国の高等教育政策は，国内的には新自由主義的な政策の下での公共機関の疑似市場の形成プロセスとして評価・質保証が展開されるが，国際的には私費での留学生の大量の受け入れを意識した国際ブランディング・市場競争力の確保に対しての政策支援，質保証機関からの評価・質保証サービスの提供及び国際的連携を通じた支援へと転化する（松塚編 2016: 23–50，Hazelkorn et.al. 2018）．

最後に，東アジアに隣接し，質保証においても地域として一部直接的な関与がなされているASEANは，欧州と同様地域高等教育圏の形成を理念として「ASEAN質保証枠組みASEAN Quality Assurance Framework: AQAF」という質保証の地域枠組を有している（早田 2018）が，その質保証の内実は地域内の大きな多様性を反映した複雑，多岐なものになっている（Chao 2016，Chou & Ravinet 2017）．このなかで，既述のように質保証を先導しているのはトップ大学連合（AUN）と国際機関（SEAMEO-RIHED）であり，欧州のように全ての加盟国の全高等教育システムが関与するものとはなっていない．地域全体としてまとまることで周辺大国に対しての主体性の確保が図られる一方，高等教育の質，人材育成の両面で他国・地域との連携を通じたキャッチアップも求められており，一部の大学・国が先行・主導することが引き起こす格差や不和というリスクも抱えている．なお，これら複数のASEANの高等教育質保証関連の機関と欧州などの協力団体が関わる形でASEAN-QAプロジェクトが共同の人材育成のフォーラムとして立ち上がり，これがさらに2019年からはASEAN-QA Associationの設立へとつながっているなど，ダイナミックに変化し続けている．

日本・東アジアのシステム・市場環境とその帰結

以上を踏まえ，日本及び東アジアの質保証とその国際的連携を，システム・市場環境に注目しながら検討していきたい．

まず，東アジアにおいては，日本を含め，地域高等教育圏を形成するという議論は鳩山由起夫政権下で提唱され，2010年には「日中韓の質の保証を伴った大学間交流に関するガイドライン」を締結，大学評価・学位授与機構（当時），中国HEEC，韓国KCUEの3機関による日中韓質保証機関協議会が発足した．その後も，大学の世界展開力強化事業の一部として2期に渡りキャンパス・アジア・プログラムのモニタリングが実施されている．また，東アジアは各国とも留学生を盛んに受け入れているものの，それぞれ自国の言語・社会と関わった形での受入れが大多数であり，域外との流動性も盛んであるなど，東アジア地域としての高等教育圏の形成が進んでいるとはいえない（松塚編 2016: 103–120）．さらに，質保証においては政府の強い影響力の下で各国がそれぞれ枠組みを構築している（Huang 2018）ことから，英国やオーストラリアや一部欧州に見られるような，英語での教育プログラムによる輸出産業としての国際学生市場を確立するという状況にはない．なお，2019年の第7回日中韓大学間交流・連携推進会議では，東アジア3国にとどまらず，ASEANなどアジア全体に質保証を含めた国際的連携を広げていくアジア高等教育圏「Asia for All（仮称）」が提唱され，議論が進行している．

東アジア各国に緩やかに共通している理念があるとすれば，国家威信の発現となる．しかし，この威信発現が何につながるのかについては，知識社会や頭脳獲得など抽象度の高い議論にとどまっている．また，質保証の国際的連携は基本的には政府主導で行われており，OECD・UNESCOなどの国際的質保証のガイドラインから見ればそのアジェンダはこなしているが，これと国内において日々行われている教育や質保証の実践との間には直接の関連性を見いだしにくい.

以上の背景には,質保証システムの基盤・主な用途が,学生の国際的な受入れと送り出しとで一致しない,すなわち,留学生の受入れは国内基準が基軸となり,送り出しや学生交換は相手国・大学の基準との調整が基軸となるという構造特性がある.

これは,具体的には,以下のようなことを指す.まず,受入れであるが,入学段階においては,日本の大学は,フランスやドイツのように中等教育修了試験に合格した者が原則として高等教育への進学を自動的に保証される仕組みではなく,大学・高等教育機関が入学者選抜を行うプロセスを取る.すなわち,大学の現場で問われるのは,あくまで受験資格の認定であり,大学は入学試験・選抜を経て入学を許可する.なお,転入学を含めた学生の国際的な移動は,資格や単位認定などを個々の現場に任せて行うことになるが,これについてはNICのみで担える問題ではなく,アジア学生文化協会や国際教育交流協議会(JAFSA)などの関連団体が大学やそのネットワークと連携しながら質保証や研修に努めている.なお,日本は受験資格の認定に長い間教育年数主義を取ってきたが,これが東京規約によって,出身国の学位資格に沿ったものへと変化している.

次に,留学生及び自国学生の学位資格取得後の労働市場への参入であるが,国家資格の相互認証がある程度実効性をもつEUやイギリス連邦などとは異なり,日本ではNQFが制度化されておらず,また,日本語での教育課程が圧倒的多数を占め,かつ,卒業後も日本で,あるいは日本関連の企業への就職を前提としている限りにおいては国際的な学位資格の認証が直接意味を持つことがない.さらに,医師や美容師などの資格に関しては,それぞれの職能団体の間で国際的な取り決めを行うことで,大部分の学習者の便宜は実質的に規定される.しかし,日本では,他国の学生が母国で職業資格を得る目的で日本の高等教育を活用し,あるいは大学・高等教育側がそれを提供することには極めて消極的である.大学にとってもうひとつ大きいのは,高等教育,特に学士以上の学位のNQFでの扱いが,最終的にはマイナーなものであるということであろう.すなわち,たとえば修士相当の学位について,多くのNQFではその定義がなされているものの,学位にかかわる定義そのものは一般的なものにとどまり,職業資格に結びつく部分はそれぞれの職業資格の中で特定された形で定義されている.

最後に，在学中の管理・支援，学生交換，転出に関わる質保証の国際的連携であるが，これらは学生の受入れと送り出しのそれぞれで別のロジックが働いている．すなわち，在学中の学習生活の管理・支援は，受入れとしては教育・学習支援の見地に立った質保証よりも，入国管理の観点に立った出席・時間管理が優先されてきた現実がある．また，学生交換は，基本的には多くの大学の場合大学間の協定に基づいた学生交換となる．この際，交換留学生の成績管理や情報提供については，日本やアジア太平洋ではUMAPやこれに基づくUCTSという地域共通枠組がありながらも（Hou et al. 2017）その活用が限定的であることから，自国や地域のロジックよりも相手方の国や地域のあり方への個別の対応に関心が向かうことになる．さらに，日本の大学から外国の大学への転学は，自国学生・留学生を問わず一般的ではない．また，外国から日本の大学への3年次からの編入は1990年代より一般化していたが，これもまた直接的な受入れというよりも日本型の教育にある程度合わせた準備教育となっている（富田 2016）．外形的には最近10年の間にGPA基準の整備が進んだが，現状，成績評価の実態は米国のようなある程度標準化された環境が確立するには至っておらず（綾 2017），留学生や日本から転出しようとする学生にとっての影響は明らかではない.

以上の背景には，日本の高等教育政策において留学生受入れが国際学生市場を通じた学費収入確保を主目的としておらず，日本の社会経済と関わる人材の受入れと育成が目指されてきたことと大きく関連している．日本の場合，大多数の留学生が私費留学生ではあるものの，留学費用を賄うために日本での労働を前提とする者が量的には多数を占め，実際に行われていたのは労働目的のための留学に対する規制と管理であった．他方，高等教育の質保証に関して，留学生に対しても国内的な教育の質保証の一般的なロジックがそのまま当てはめられており，国際的な質保証の連携はあくまで先に述べた日本の国全体の高等教育の質保証体系に関わるものとなる．また，学生の送り出しについても，自国学生の圧倒的大部分は日本の大学に卒業まで在籍し，交換留学などが海外への転学につながることは想定されていない.

上記のような環境下，認証評価機関が政府の支援を受けて国際的な質保証ネットワークへ参加したとしても，その目的は，直接的に学生の国際移動を支援することよりも，国際動向を参照した国内の質保証システムを外形的に整備することに重点がおかれ続けることになる．すなわち，日本の政府と認証評価機関によって，地域・国際的連携への参加や主導権確保が目指されるが，実態としてこれが国内での高等教育の質保証の主体性を脅かすような本質的な脅威となることはない．結果として，国際的趨勢にそって様々な海外モデルが導入されたとしても，教育の現場における内発的な質保証・向上の実践との関連性は限定的なものにとどまりがちとなる．

おわりに

本稿は，日本では国際的連携を通じて質保証や評価の制度的精緻化は進行しながら，これが国際的な学生や人の流動性や大学教育の国際展開を大きく高める推進力としては直接作用していないこと，そこには質保証システムのみならず，社会システム全体において学生の国際的な受入れと送り出しのロジックが一致しないという構造的な問題が存在することを明らかにした．社会全体のあり方を含め，この構造的問題が解決しない限り，高等教育システムの国際的接続をどのように確保し，学生の国際的移動を効果的に促進していくのかは，引き続き日本の高等教育とその質保証の大きな課題であり続けることになる．

日本の政府及び認証評価機関から見た場合，質保証の国際的連携は，対外的な情報提供・発信を中心としたものに引き続きなっていくだろうし，この連携を通じて自らの質保証のあり方を内省し，内部改革へとつなげるというシナリオが現実的でもある．また，日本を含めた東アジア諸国では，地域高等教育圏形成への強固な共通理念が存在しない以上，地域規約での自国の威信確保は図られつつも，2019 年に採択された「高等教育に関する資格の承認のための世界規約（世界規約）」への積極的参加を目指していくことになるだろう．

しかしながら，大学から見た時，国際的なブランド力や競争力を上げるというような意味での日本の公的な質保証の支援は，必ずしも実際の教育活動の質の向上にとって有効とはいえない．外形的な管理が拘束的に働き，底上げ効果はあるとしても，特に優れた教育実践を行いえる大学においては，ランキングや国際広報など，市場への直接的なコミットメントの方がむしろ大きなインセンティブになりうるだろう．

現在の質保証の仕組みや国際的な連携の動きにただ追従するのではなく，

上記のようなやや空回り気味な状況を転換させるためには，各大学が主体的に関わる形で国や社会と対話し連携するしかない．学習者の立場に立った質保証の国際的連携というOECD・UNESCOガイドラインの狙いは理想ではあるが，実際の教育現場は極めて多様かつ多元的で文脈依存であり，また，日本などではそもそも国境を越えて移動するという学習者という存在がメインストリームになっていない現実に翻弄されることになる．

日本学術会議による教育課程編成上の参照基準作りに関わってきた広田（2016）は，「大学教育の質の改善にとって何よりも必要なのは，現場の第一線大学教員が自由に意見交換をするようになること，そしてそれを通じて現行のカリキュラムや授業のあり方についての問題点を緩やかに共有することだ」と主張している．2020年3月現在，日本を含め各国は新型コロナウイルスの拡大の最中にあり，学生や教員の国際移動が大きく制限され，オンラインを基軸としたコミュニケーションの活用が急速な普及を見せている．これが今後の高等教育の質保証の国際的連携にとって何を意味するのかを確定的に議論するには時期尚早ではあるが，少なくともこの問題が，今までの学生や教員の移動をオンラインで代替するトランスナショナル教育の拡大を促進し，グローバル・イッシューとして全世界に大きな影響を及ぼすことは確かであろう．高等教育研究の役割は，探求すべき世界的な共通課題の比重が増す反面で，分断され多面的である大学・高等教育の現場を直視して，その上で，実践的な知恵と同時に，構造的な分析を通じて知的貢献を行うことであろう．このためには，高等教育研究者自体が，国際的な連携を通じて，世界を鳥瞰するような視野での分析と議論を極めていくことが必要となろう．

謝辞：本研究はJSPS科研費JP16KT0087，JP19H01621，JP17H02678の助成を受けたものです．

◇引用文献

芦沢真五，2019，「東京規約と電子資格認証がもたらすインパクト：優秀な留学生・高度人材を獲得するための環境整備」『IDE：現代の高等教育』613: 38–46.

綾皓二郎，2017，「GPA（Grade Point Average）成績評価法の理念と実際：日本の大学におけるGPA評価法」『教育情報学研究』16: 1–20.

Chao, RY Jr., 2014, Pathways to an East Asian Higher Education Area: a comparative analysis of East Asian and European regionalization processes. *Higher Education* 68(4), 559–575.

Chou, Meng-Hsuan & Ravinet, Pauline, 2017, “Higher education regionalism in Europe and Southeast Asia: Comparing policy ideas” *Policy and Society*, 36: 1, 143–159. DOI: 10.1080/14494035.2017.1278874

Clark, Burton R., 1983, *Higher Education System: academic organisation in cross-national perspective*. Berkeley: California U. P., 1983.（＝1994，有本章訳，『高等教育システム：大学組織の比較社会学』東信堂.）

大学評価・学位授与機構，2016，『学生移動（モビリティ）に伴い国内外の高等教育機関に必要とされる情報提供事業の在り方に関する調査』
https://niad.repo.nii.ac.jp/?action=repository_uri&item_id=469&file_id=22&file_no=1

福留東土，2019，「アメリカの高等教育ガバナンスと質保証：アクレディテーションに注目して」東京大学教育学部教育ガバナンス研究会編『グローバル化時代の教育改革　教育の質保証とガバナンス』東京大学出版会：187–199.

羽田貴史，米澤彰純，杉本和弘編，2009，『高等教育質保証の国際比較』東信堂

羽田貴史，2018，「大学の質保証」児玉善仁他編『大学辞典』平凡社：8–11.

Hazelkorn, Ellen, Coates, Hamish, & McCormick Alexander C., 2018, *Research Handbook on Quality, Performance and Accountability in Higher Education*, Edward Elgar Publishing.

Hazelkorn, Ellen, 2015, *Ranking and the Reshaping of Higher Education 2nd edition*. Houndmills, Basingstoke, Hamsphire; New York, NY: Palgrave Macmillan.（＝2018，永田雅啓，アクセル・カーペンシュタイン訳，『グローバル・ランキングと高等教育の再構築：世界クラスの大学をめざす熾烈な競争』学文社）.

早田幸政，2018，「ASEAN 地域における高等教育質保証連携と「資格枠組み（QF）」の構築・運用の現段階：今，日本の高等教育質保証に何が求められているか」『大学評価研究』17: 39–59.

広田照幸，2016，「第一線大学教員はなぜ改革を拒むのか：分野別参照基準の活用について考える」『大学評価研究』15: 37–46.

堀井祐介，2018，「ヨーロッパにおける大学評価の最新の動向」『大学評価研究』17: 25–31.

堀田泰司，2017，「高等教育のグローバル化と学生の流動化：アジア共通単位互換制度の発展と学生の流動性への影響」『高等教育研究』20: 31–49.

Hou, A. Y. C., Hill, C., Chen, K. H. J., Tsai, S. & Chen, V., 2017, A comparative study of student mobility programs in SEAMEO-RIHED, UMAP, and Campus Asia. *Higher Education Evaluation and Development* 11(1): 12–24.

Huang, Futao, 2018, “Quality assurance of higher education in East Asia: changes, characteristics and challenges”. In. Hazelkorn, Ellen, Coates, Hamish, and McCormick Alexander C., 2018, *Research Handbook on Quality, Performance and Accountability in Higher Education*, Edward Elgar Publishing. 382–393.

金子元久，2000,「大学評価のポリティカル・エコノミー」『高等教育研究』3: 21–40.

喜多村和之，2003,「日本における大学評価政策の形成と立法過程」『教育社会学研究』72: 53–71.

Knight, J. & McNamara, J., 2017, Transnational Education: A classification framework and data collection guidelines for international programme and provider mobility (IPPM). British Council. https://www.britishcouncil.org/sites/default/files/tne_classification_framework-final.pdf

小林雅之，2016,「大学の質保証と大学ランキング」山田礼子編『高等教育の質とその評価：日本と世界』東信堂：69–87.

高等教育のあり方研究会国際的質保証に関する調査研究部会，2017,『高等教育の国際的質保証に関する調査研究』大学基準協会

Margionson, Simon, 2018, *The new geo-politics of higher education*. London, Oxford: Centre for Global Higher Education（＝2019 米澤彰純訳），2019,『高等教育の新しい地政学』Centre for Global Higher Education

マッキナーニ, ダニエル（深堀聰子訳）, 2015,「チューニングと学位プロフィール：米国の学部学科・大学・州・地域・学会における取組：2009 年以降」国立教育政策研究所紀要 144: 51–67.

松塚ゆかり編，2016,『国際流動化時代の高等教育：人と知のモビリティーを担う大学』ミネルヴァ書房

野田文香，2019,「日本における国内情報センター（NIC）の設立：学位・資格の承認に関わる今後の展望」『留学交流』105: 29–41.

大場淳，2016,「国際的共通性と地域的特異性」大学基準協会監修　高等教育のあり方研究会・生和秀敏編『大学評価の体系化』東信堂：256–259.

大森不二雄, 2012,「貿易交渉と高等教育：グローバル化における政治経済の論理」『クオリティ・エデュケーション』4: 11–43.

佐藤郁哉，2019,『大学改革の迷走』ちくま新書

佐藤仁，2018,「教育借用から考える「場」としての規範的比較教育政策論の可能性」『比較教育学研究』57: 13–31.

Smidt Hanne, 2015, “European Quality Assurance: A European Higher Education Area Success Story”. In: Curaj A., Matei L., Pricopie R., Salmi J., Scott P.(eds) *The European Higher Education Area*. Springer, 625–637.

鈴木典比古, 2018,「国際化に向かう大学教育とその認証評価：視覚的分析の試み」

『大学評価研究』17: 11–15.
富田紘央，2016，「モンクット王ラカバンエ科大学・東海大学日本語教育ツイニングプログラムにおけるコースの現状と課題：5 年前との比較」『東海大学紀要　国際教育センター』(6)，81–90.
Vincent-Lancrin, S., D. Fisher & S. Pfotenhauer, 2015, *Ensuring Quality in Cross-Border Higher Education: Implementing the UNESCO/OECD Guidelines*, OECD Publishing, Paris, https://doi.org/10.1787/9789264243538-en.
吉川裕美子，2003，「ヨーロッパ統合と高等教育政策：エラスムス・プログラムからボローニャ・プロセスへ」『学位研究』17: 69–90.
吉川裕美子，2019，「国際的な学生移動を支える学位・学修の質保証：ユネスコ地域承認規約「東京規約」の意義」『IDE：現代の高等教育』612: 50–54.
吉本圭一編，2018，『国家学位資格枠組の世界的展開と日本における導入可能性（平成 29 年度専修学校による地域産業中核的人材養成事業成果報告書）』九州大学 https://rteq.kyushu-u.ac.jp/etc/document_Vol.17.pdf
米澤彰純，2010，『高等教育の大衆化と私立大学経営：「助成と規制」は何をもたらしたのか』東北大学出版会.
米澤彰純，2017，「高等教育質保証の国際動向と認証評価」『IDE：現代の高等教育』595: 55–58.

ABSTRACT

International Collaboration for Quality Assurance in Higher Education: Japan's Experience in Conditions of Global Dynamism

YONEZAWA, Akiyoshi
Tohoku University

This paper examines the last 20 years of development in international collaboration for quality assurance in higher education in relation to the international mobility in learners and cross-border educational provision, its impact on university settings, and its future challenges and prospects. Examining the case of Japan in the context of the dynamism of global dialogue and practice, the author analyzes the interactions among the various actors involved in international cooperation in quality assurance for higher education. While this analysis confirms the progress of the systematic refinement of quality assurance and assessment reflecting international trends in Japan, it does not directly act as a driving force to increase mobility in students and education provisions. The author asserts the importance of interactive collaboration for comprehensive internationalization within each university and institution of higher education through dialogue among various stakeholders.

日本高等教育学会の設立趣旨

現在，大学を中心とする高等教育は世界的に構造的な変動の時代をむかえ，実践的，政策的な課題への取り組みと，多様な学問領域からなる研究関心の高まりをみるに至っております．

わが国でも，一連の改革や構造変動の進展とともに，高等教育研究の必要性と重要性に対する認識が強まり，大学研究や実践・運営のためのセンター等が相次いで設立され，また大学院に高等教育関係の研究者養成あるいは専門職養成のためのプログラムが開設されるなど，教育研究体制の整備の動きが本格化しはじめました．

高等教育研究は，対象とする高等教育のシステムとしての複雑性や，問題としての多様性から，社会科学や人文科学，さらには自然科学にも及ぶ大きさと広がりをもっており，そのことがこれまで独立の学会の成立を妨げていました．しかし，変動の時代をむかえて明らかになった高等教育研究に係わる諸問題とその研究の重要性を考えるとき，学問領域の違いをこえた研究者等の結集と交流をはかり，研究の理論的，方法的基礎を強化し，研究の一層の深化発展をめざすとともに，その研究成果の普及を図り，実践的，政策的課題の解決に寄与するために，学会の設立は重要な課題となりつつあります．

こうした状況をふまえ，このたび次のような有志が集まり，発起人となり日本高等教育学会の設立を企画いたしました（○印は代表）．

1997 年 7 月 19 日

麻生　誠	阿部　美哉	○天野　郁夫	荒井　克弘	有本　章
市川　昭午	潮木　守一	馬越　徹	江原　武一	大﨑　仁
梶田　叡一	金子　元久	喜多村和之	高橋　靖直	舘　昭
寺﨑　昌男	原　康夫	矢野　眞和	山野井敦徳	山本　眞一

日本高等教育学会会則

1997年7月19日
2000年5月21日改正

第1章　総則

第1条　本会は，日本高等教育学会と称し，英語名をJapanese Association of Higher Education Research（略称JAHER）とする．

第2条　本会は，高等教育研究の推進及び研究成果の普及並びに会員相互の研究交流の促進を目的とする．

第3条　本会は，前条の目的を達成するため，以下の事業を行う．

1．高等教育に関する研究とその振興と普及
2．研究大会等研究集会の開催及び会員間の研究交流の促進
3．機関誌等研究成果の公表
4．高等教育関係団体及び関連機関との連携協力
5．高等教育研究に関する国際協力の推進
6．その他，本会の目的に必要な事業

第2章　会員

第4条　会員は，会員2名以上の推薦を受け，理事会の承認を経て入会する．

第5条　会員の退会等の扱いについては，別に理事会が定める規定による．

第3章　組織及び運営

第6条　本会に以下の役員を置く．

1．会長　　1名
2．理事　　20名以内
3．監事　　2名

第7条　役員の任務は，以下のとおりとする．

1．会長は本会を代表し，会務を総理する．
2．理事は理事会を組織し，本会の運営に当たる．
3．監事は会計を監査する．

第8条　役員の選出は，以下のとおりとする．

1．理事は，別に定めるところにより，会員が選挙する．
2．会長は，理事の互選による．
3．監事は，総会において理事以外の正会員の中から推挙する．

第９条　役員の任期は，以下のとおりとする．
　　１．役員の任期は２年とし，再選を妨げない．
　　２．前号の規定に係わらず，会長の任期は引き続き４年を超えることはできない．
第10条　本会の会務を執行するために事務局を置き，その組織及び選出方法は以下のとおりとする．
　　１．事務局長　１名　理事会の承認を経て会長が委嘱　任期２年
　　２．幹事　若干名　会長の承認を得て事務局長が委嘱　任期２年
第11条　本会は必要に応じ，理事会のもとに各種の委員会を置くことができる．
第12条　本会は年１回，総会及び研究大会を同時に開催する．

第４章　会費及び会計

第13条　会員は会費を納入しなければならない．会費の額については，理事会が提案し，総会の議による．
第14条　会計年度は５月から翌年の４月とする．
第15条　本会の予算案は理事会が編成し，総会の議決を経て成立する．
第16条　本会の会計決算は監査による会計監査を経て，翌会計年度初頭の総会において承認を受けなければならない．

第５章　会則の変更

第17条　本会則の変更は理事会が提案し，総会の議決による．

第６章　付則

第18条　第８条の規定に係わらず，本会の設立時の理事は，発起人をもって充て，設立総会の承認を受けて就任する．
第19条　事務局の所在地は理事会において決定する．
第20条　その他，必要な事項については理事会の審議による．

「高等教育研究」投稿規定（2016年9月24日）

「高等教育研究」に投稿する論文は，次の規定に従うものとする．

1．投稿者は，日本高等教育学会の会員であること（共著の場合，全員が会員であること）．
2．論文は，和文または英文の未発表論文であること．「二重投稿の禁止について」に従ったものであること．
3．本誌に掲載された論文等の著作権については，本学会に帰属する．また，著作者自身が自己の著作物を利用する場合には，本学会に申し出る．掲載された論文等は本学会が認めたネットワーク媒体に公開される．
4．論文の記述は「『高等教育研究』執筆要領」に従ったものであること．論文の分量は，論文題目，本文，図，表，注，引用文献等を含めて，18頁以内とする．また，1頁の1行目に論文題目，副論文題目がある場合には2行目以降に副論文題目を記載し，1行空けて，本文を記述する．
5．論文は日本高等教育学会のウェブ・サイト（http://www.gakkai.ne.jp/jaher/）の「研究紀要投稿」から指示に従って投稿すること．
6．締切日は10月31日とする．
7．投稿論文は返却しない．
8．論文の採択が決定した場合，最終原稿の電子ファイルを直ちに送付すること．

「高等教育研究」執筆要領（2016年9月24日改訂）

「高等教育研究」の論文及び論文用紙の執筆は，次の要領による．

1．論文原稿は，必ずワープロを使用し，次の点を厳守すること．
（1）A4判，横書きで，和文の論文の場合は1頁を34字32行，英文の論文の場合は68字37行で記述する．『高等教育研究』の刷り上りの体裁では，A4用紙横置きに2段組で印字する．このため，図や表については，実際の印刷原稿では縮小されることを想定して読みにくいことがないように作成する．
（2）句読点は，和文は，全角の「．」「，」，英文及び引用等で用いる欧文には半角の「.」「,」を使用する．
（3）図，表には表題を付し，頁の文字分の行列内に貼り付けるか，論文原稿末尾に貼付し，本文中には挿入すべき箇所を指定する．図，表による字数の減少は，（1）をもとに換算する（本誌2分の1ページは544字に相当）．
（4）注は文中の該当箇所に[1)]，[2)]，……のように表記し，論文原稿末尾にまとめて記載する．
（5）投稿論文の場合は，「拙著」「拙稿」など投稿者名が判明するような表現は避ける．
（6）投稿論文は，ワード又は一太郎，もしくはテキストファイルに変換可能な文書ソフトで作成し，PDF化原稿と共に投稿する．電子ファイルは投稿者名が判明するような文書名をつけない．

2．引用文献の提示方法は，原則として次の形式に従うこと．
（1）文献を示す割注については，全角丸括弧内に「著者の氏[(注1)]_出版年：_始頁–終頁[(注2)]」の記載を原則とする．なお，「_」は半角スペース，「：」は半角コロン，「–」は半角ハイフンをあらわす．
（注1）共著の場合は，「第1著者・第2著者」の順に記載し，ナカグロでつなぐ．3名以上の場合は，「第1著者ほか」として「ほか」をつける．編書の場合は，「編者名編」として「編」を入れる．監修の場合は，「監修者名監修」として「監修」を入れる．英文による3名以上の共著の場合は，「*et al.*」を，一人の編書の場合は「ed.」，2名以上の編書のときは「eds.」をつける．
（注2）終頁の数値のうち，始頁の数値と同じ上位の桁は省略する．
例：「…が明らかにされている（山田 1990: 165–9，佐藤 1993: 259–61）．」
「山田（1998）によれば，…」
（2）翻訳書，翻訳論文の場合は，「原著者の氏_原書の出版年＝訳書の出版年」を原則とし，頁数の記載にあたっては，訳書の頁を用いる場合は，「原著者の氏_原書の出版年＝訳書の出版年 :_始頁–終頁」，原書を参照して独自に訳出した場合には，「原著者の氏_原書の出版年 :_始頁–終頁」とする．

例：「…と論じている（Smith 1930＝1996: 51–64）．」

(3) 引用文献は，末尾に和文，欧文を含めて著者の姓のアルファベット順，年代の古い順に西暦で記し，同一著者の同一年の文献は，引用順に a, b, c ……を付し，注の後にまとめて記載する．

〈和文の著書〉

著者氏名(注1)，(注2)，出版年，『書名―副題』(注3) 出版社名(注4)．

例：山田太郎・鈴木一郎，1998,『高等教育論―マスからユニバーサルへ』青山出版．

例：スミス，K.（太田二郎訳），1998，『大学史』青山出版．

〈和文の共著（編書）の収録論文〉

著者氏名，出版年，「論文名―副題」共著（編，監修）者氏名『書名―副題』出版社名，始頁―終頁(注5)．

例：山田太郎，1998，「専門職大学院の登場―法科大学院に着目して」青山和夫編『現代 の高等教育改革』鈴木出版，253-68．

〈和文の論文〉

著者氏名，出版年，「論文名―副題」『雑誌名』巻（号）：始頁–終頁．

例：山田太郎，2000，「イギリスの高等教育財政―日本との比較」『高等教育学会誌』3（2）:198-213．

（注1）共著の場合は，「第1著者・第2著者」の順に記載し，ナカグロでつなぐ．編書の場合は，「編者名編」として「編」を入れる．「第1著者ほか」としてもよい．監修の場合は，「監修者名監修」として「監修」を入れる．カタカナ表記の外国人名については，「氏，名の頭文字．」（スミス，K.）とする．

（注2）「,」「.」「：」は半角とし，スペースをあける．

（注3）書籍に関する第3巻，第2版，上・下などの情報は，『書名―副題（第3巻)』のように『(　)』として記載する．

（注4）文庫名，新書名から出版社名がわかる場合は，文庫名，新書名を出版社名に代替し てもよい．

（注5）終頁の数値のうち，始頁の数値と同じ上位の桁は省略する．

〈英文の著書〉

著者氏，_名_ミドルネームの頭文字 .,(注6) _出版年 , _*書籍 : _副題* , _出版都市名 : _出版社名 .

例：Jackson, Suzanne L., 1976, *College Culture : The Transformation in the 90's*, New York : ABC Press.

〈英文の共著（編書）の収録論文〉

著者氏,_名_ミドルネームの頭文字.,_出版年,_“論文名:_副題,”_共著（編）者名[注7],_*書籍:_副題*,_出版都市名:_出版社名.

例：Young, Peter, 1988, “The New Age of Higher Education,” Jackson, Suzanne L., Clay, Stacey, and Johnson, Martin S. eds., *Academic Revolution*, Washington D.C. : American Press.

〈英文の論文〉

著者氏,_名_ミドルネームの頭文字.,_出版年,_“論文名:_副題,”_*雑誌名*,_巻_（号）:_始頁–終頁.

例：Young, Peter, 1995, “The New Life for College Curriculum: Assessing Progress in the Reform of Undergraduate Education,” *Higher Education Review*, 4(3): 175.83.

〈翻訳書・論文の場合〉

原典の書誌情報.（＝翻訳出版年，訳者名訳，『書名―副題』出版社名.）

例：Jackson, Suzanne L. and Young, Peter, 1983, *American Academic Culture*, New York : ABC Press.（＝1995，山田太郎訳，『アメリカの学術文化』東京出版.）

（注6）「,」「:」「.」は半角とし,「,」「:」は,後ろに半角スペースを空ける.

（注7）共著の場合は，著者氏,_名_ミドルネームの頭文字._and_著者氏,_名_ミドルネームの頭文字.と「and」でつなぐ．3人以上の場合は，著者氏，_名_ミドルネームの頭文字.を「,」でつなぎ，最後の著者名のみ，「,_and」としてつなぐ.

編書の場合は，著者氏,_名_ミドルネームの頭文字._ed.と「ed.」で表す．複数の編者の場合は，「eds.」とする.

〈ウェッブサイトからの引用の場合〉

・図書・論文の引用

可能な限り上記の引用文献の提示方法にしたがい，URLと最終アクセス日を（　）内に記載する.

例：山田太郎，2003，「調査のガイドライン」『社会学の方法』東京出版.（http://www.tokyo.co.jp/shakaigaku/yamada.html, 2004.12.10.）

例：青木二郎，2004，『大学論』文葉社.（http://www.bunyou.co.jp/daigaku/aoki.pdf,2004.12.10.）

例：Smith, William, 2003, “ Research on Attitude among Japanese Youth,” *American Psychologist*, 50: 153.79.（http://www.apa.org/journals/smith.html, 2004.12.10.）

例：Green, Robert, 2001, *Advancing Online Learning*, San Francisco : Cal Publisher.（http://www.calpub.com/green.htm, 2004.12.10.）

・新聞記事・abstract などの引用

原則，図書・論文の引用形態にならうが，新聞記事については掲載月日と可能であれば掲載ページを，abstract については（Abstract）と追加記載する．

例：青山雄一，2004，「教員の IT への対応は不十分 JASET 調査」『毎夕新聞』12.16.（http://www.maiyu.msn.co.jp/edu/elearningschool/topics/news/20041216org00m040073000c .html, 2004.12.20.）

例：Kurz, Kathy and Scannel, Jim, 2004, "How Should Public Colleges Price Their Product? " *The Chronicle of Higher Education*, December 17, p. B12.（http://chronicle.com/prm/weekly/v51/i17/17b 01201.htm, 2004.12.20.）

例：Swidler, Ann and Arditi, Jorge, 1995, " The New Movement of College Education,"（Abstract），*Annual Review of Higher Education*, 30: 305.20.（http://www.annurev.org/series/higheredu/Vol 30/co 30 abst.html, 2004. 10. 23.）

3．論文要旨は，英文及び和文で，下記により作成のこと．

（1）和文の論文の場合

a．英文は，A5 判，横書きで，論文題目を記載し，要旨本文は 68 字 30 行以内で記述．

b．和文は，A5 判，横書きで，論文題目を記載し，要旨本文は 34 字 10 行以内で記述．

（2）英文の論文の場合

a．和文は，A5 判，横書きで，論文題目を記載し，要旨本文は 34 字 30 行以内で記述．

b．英文は，A5 判，横書きで，論文題目を記載し，要旨本文は 68 字 10 行以内で記述．

4．論文，和文要旨，英文要旨には，氏名・所属を記さない．

5．執筆者連絡票を，下記により作成のこと．

（1）A4 判，横書きで，論文題目（和文・英文），氏名，所属，連絡先（住所，電話番号，メールアドレス）を記述．

6．論文，和文要旨，英文要旨，執筆者連絡票を別々のファイルとして作成のこと．

二重投稿の禁止について

日本高等教育学会研究紀要編集委員会（2012年7月27日，2013年10月5日改正）

1．二重投稿の定義

（1）他の学会誌・紀要・雑誌図書等（以下，他の学会誌等）に投稿・寄稿中の論文と同一内容もしくは極めて類似すると認められる論文を投稿した場合を二重投稿とみなす．

すでに公表された論文と同一内容もしくは極めて類似すると認められる論文を投稿した場合も含む．単著・共著を問わない．

（2）他の学会誌等に公表した論文または投稿・寄稿中の論文における同一のデータを，引用を明記することなく記載して投稿した場合も二重投稿とみなす．

（3）すでに公表した同一もしくは極めて類似すると認められる論文を他の言語で投稿した場合も，二重投稿とみなす．

（4）次項に該当する場合は，同一データを利用し，内容が類似であっても，二重投稿とはみなさない．

2．二重投稿の例外

（1）その一部または全部が，学会もしくは研究会において発表されたもので，完全な論文の形ではなく，要旨集・抄録のような媒体に掲載されているもの．ただし，要旨集・抄録の掲載が当該学会及び研究会において，論文とされている場合には，二重投稿とみなす．

（2）学士・修士・博士論文の一部もしくは全部であり，まだ出版・公表されていない場合．

ただし，これらの論文が，大学等の電子リポジトリにおいて掲載される場合は，公表には含めない．

（3）すでに公表されている著書・論文・科学研究費等の報告書等が，投稿論文中に適切な引用として示されている場合．

（4）『高等教育研究』掲載後に，他の学会誌等に掲載する場合で，日本高等教育学会編集委員会及び当該学会誌等の編集者の了解を得て，『高等教育研究』掲載論文であることを示して掲載する場合．

3．事前の申告

同一もしくは非常に類似した研究であり，重複もしくは二重投稿と見なされる恐れのある以前の発表や，同時に行っている投稿･寄稿論文がある場合，投稿者は投稿と同時に編集委員会にその論文を送付し，二重投稿ではないことを説明しなければならない．

4．会員の義務

会員は，二重投稿の定義をよく理解し，その防止に努めるとともに，『高等教育研究』に掲載された論文に関して，二重投稿であるとの疑義を持った場合には，速やかに編集委員会に報告しなければならない．

5．二重投稿の判定

編集委員会は，二重投稿の疑義が生じた場合には，速やかに投稿者及び関連する学会・大学等機関に連絡を取り，事実関係を精査し，判定をしなければならない．

6．二重投稿への制裁

編集委員会が投稿論文を二重投稿と判定した場合，当該論文は査読の対象としない．投稿論文の著者には，次年度の投稿を禁止する．

論文が掲載後に二重投稿と判定された場合には，当該論文の掲載を取り消すとともに，その旨を『高等教育研究』並びに学会 HP 及びニュースレターで告知する．

既刊「高等教育研究」総目次

第3集　日本の大学評価　2000年4月

第4集　大学・知識・市場　2001年4月

第5集　大学の組織・経営再考　2002年4月

第6集　高等教育　改革の10年　2003年4月

〔論　稿〕
アメリカのビジネス・スクールにおける
専門職教育の構築過程 …………………………………………… 福留　東土
—シカゴ大学の事例を中心として—
編集後記 …………………………………………………………… 山本　眞一

第7集　プロフェッショナル化と大学　2004年4月

〔特集　プロフェッショナル化と大学〕
社会のプロフェッショナル化と大学 ……………………………… 舘　　　昭
—professional schoolに関する一考察—
プロフェッショナル化する社会と人材 …………………………… 山田　礼子
—経営人材のプロフェッショナル化と教育—
教員資質の高度化と大学の役割 …………………………………… 八尾坂　修
医療人材の高度化と大学教育 ……………………………………… 阿部　和厚
企業内大学—日米の動向を中心に— ……………………………… 塚原　修一
専門職大学院の動向と課題—ロースクールを中心に— ………… 横山晋一郎
〔論　稿〕
教育成果を用いた教養教育の評価活動 …………………………… 串本　　剛
—NIADによる試行を切り口として—
大学職員の役割と能力形成 ……………………………… 福留（宮村）留理子
—私立大学職員調査を手がかりとして—
「マス段階」の工学系修士課程教育 ………………………… 濱中（万見）淳子
—学生の満足度と修学意欲にみる問題の特質—
編集後記 ………………………………………………………… 舘昭・安原義仁

第8集　学士学位プログラム　2005年4月

〔特集　学士学位プログラム〕
リベラルアーツ教育と学士学位プログラム ……………………… 絹川　正吉
日本における学士学位プログラムの現況 ………………………… 杉谷祐美子
スワニー，HIROSHIMA，玄米 ……………………………………… 宮田　敏近
アメリカの学士課程カリキュラムの構造と機能 ………………… 吉田　　文
—日本との比較分析の視点から—
イギリスの大学における学士学位の構造と内容 ………………… 安原　義仁
—近代オックスフォードの古典学優等学士学位を中心に—
欧州高等教育圏構想とUndergraduate課程の再構築 …………… 川嶋太津夫
—日本の学士課程改革への示唆—

第9集　連携する大学　2006年5月

第10集　高等教育研究の10年　2007年5月

〈高等教育研究の論点〉

高等教育の個別的実践と普遍的理論化の狭間で ……………… 大塚　雄作
—大学評価・FD 実践の体験を通して—

大学評価の研究と実践の 10 年 ……………………………… 濱名　篤

大学改革と政策過程 ………………………………………… 塚原　修一

〈海外からの視点〉

外から見た日本の高等教育研究 ………………… ウルリッヒ・タイヒラー
吉本圭一訳

〈高等教育研究の新たな課題〉

高等教育研究の課題 ………………………………………… 荒井　克弘
—10 周年特集の総括—

〔論　稿〕

米国における大学院の財政基盤の多様性 …………………… 阿曽沼明裕
—東部・中西部の研究大学の事例から—

大学におけるカリキュラム開発のプロセスに関する考察
………………… 鳥居朋子・夏目達也・近田政博・中井俊樹
—Diamond のモデルとその適用事例を中心に—

学士課程教育の自己評価とその効果 ………………………… 串本　剛
—教育成果を根拠とした評価の採否と有効性—

奨学金拡大政策の効果に関する実証的研究 ………………… 藤森　宏明
—理工系学部に着目して—

編集後記 ……………………………………………… 荒井克弘・羽田貴史

第 11 集　大学生論　2008 年 5 月

〔特集　大学生論〕

学生文化の実態と大学教育 ………………………………… 武内　清

大学進学者の文化資本形成 ………………………………… 大前　敦巳

学生のエンゲージメントと大学教育のアウトカム ………… 小方　直幸

高等教育大衆化時代における大学生のキャリア意識 ……… 望月　由起
—入学難易度によるキャリア成熟の差異に着目して—

大学生の進路選択と就職活動 ……………………………… 小杉　礼子

「学生の流動化」と進路形成 ……………………………… 濱中　義隆
—現状と可能性—

大学生研究の位相 …………………………………………… 吉田　文

〔論　稿〕

英国高等教育資格課程（PGCHE）における大学教員の
教育職能開発 …………………………………………… 加藤かおり

アメリカ営利大学と連邦政府学生援助プログラム ………… 古賀　暁彦

第12集　変容する大学像　2009年5月

第13集　スタッフ・ディベロップメント　2010年5月

第14集　高大接続の現在　2011年5月

第15集　高等教育財政　2012年5月

第16集　高等教育研究の制度化と課題　2013年5月

第17集　大学教育のマネジメントと革新　2014年5月

第18集　高等教育改革　その後の10年　2015年5月

第19集　高等教育研究における IR　2016年5月

第20集　高等教育研究のニューフロンティア　2017年7月

第21集 学生多様化の現在 2018年5月

第22集　高等教育と金融市場　2019年5月

編集後記

第23集では,「大学評価 その後の20年」と題する特集を組みました.「大学評価」を特集テーマとするのは，第3集以来，実に20年ぶりのことです．当時の喧々諤々の議論を思い出すと，やや意外な感もあります．とはいえ大学評価に対する会員の関心が薄れたわけではないでしょう．大学改革，高等教育財政，教学マネジメント, IRなどのテーマを扱うなかで, 大学評価との関わりが論じられており，それだけ評価活動が高等教育の各領域にまで浸透したことの証左でもあります．今集の特集も図らずも（というよりは必然的か）それらの寄せ集めのような構成になってしまいましたが,「評価」という切り口から横串をさすことで，各領域が相互に関連していることを認識するとともに，多様な領域に関わるからこそ，システムとして「大学評価」を構築することの困難さが浮き彫りになったのではないかと感じています．多忙のなか, 執筆を引き受けてくださった会員諸氏には，この場を借りて改めて御礼申し上げます．

さて，投稿論文につきましては，ご覧のとおり，掲載論文なしという結果となりました．本学会の歴史において初めての事態ということで，会員の皆様に少なからぬ衝撃と失望を与えてしまったのではないかと，大変，苦悩しております．投稿本数が8本と過去数年と比べて少なかったこともその一因ですが，採択率がきわめて限られていることにつきましては継続的に課題となっているところでもあります．一つ一つの論稿につきましては，研究テーマはバラエティに富んでいますし，課題解決への強い意志を感じさせるものも少なくありません．ただし，学術論文としては，問題関心の面白さだけでなく，先行研究のレビュー，用語や概念の適切な設定，研究目的と分析の整合性，分析結果の正確な解釈，導き出されたインプリケーションの説得性，などがいずれも一定のレベルに達していることが求められます．研究倫理については言わずもがなです．私自身，偉そうなことを言える立場でないことは重々承知の上ではありますが，学会の研究活動をさらに活発なものとするためにも，多数の会員の皆様からの投稿を引き続きお願いしたく存じます．

（日本高等教育学会研究紀要編集委員会　委員長　濱中義隆）

高等教育研究　第23集
大学評価　その後の20年

2020年7月15日発行

編　者　日本高等教育学会研究紀要編集委員会
委員長　濱 中 義 隆
発行者　日 本 高 等 教 育 学 会
会 長　小 林 雅 之
170-0002　東京都豊島区巣鴨 1-24-1
第2ユニオンビル 4F
(株) ガリレオ　学会業務情報化センター内
日本高等教育学会事務局
TEL　03-5981-9824　FAX　03-5981-9852
http://www.gakkai.ne.jp/jaher/

発行所　玉 川 大 学 出 版 部
194-8610　東京都町田市玉川学園 6-1-1
TEL　042-739-8935　FAX　042-739-8940
http://www.tamagawa.jp/up/
振替 00180-7-26665
印刷所　株 式 会 社 ク イ ッ ク ス
ISSN　1344-0063

ISBN978-4-472-18050-7　C3037